I0394121

Arte, estética freak
y medios de comunicación

Rafael López Borrego

Título: Arte, estética freak y medios de comunicación

© 2019, Rafael López Borrego

© De los textos: Rafael López Borrego

Ilustración de portada: Germancreative

Revisión de estilo: Rafael López Borrego

1ª edición

ÍNDICE

Introducción

Este pequeño ensayo trata de profundizar en dos temas que me han llamado la atención a lo largo de los últimos años y sobre los que he tratado de establecer una reflexión que ahora he sido capaz de plasmar sobre estos papeles recopilando ideas, datos y textos de otros autores que sirvan para reafirmar lo que se ha escrito.

El ensayo está dividido en dos partes. Por un lado hablamos de aquello que podemos llamar aura en la actualidad, estableciendo una conexión con la definición que Benjamin hacía de esta palabra y si está por completo olvidada o sigue vigente. Por otra parte analizamos el papel de los medios de comunicación, su influencia en la sociedad y el cambio que ha supuesto la aparición de las redes sociales en la forma de relacionarse con los demás.

Walter Benjamin se refería al aura en su breve ensayo sobre la historia de la fotografía. Se trata de una obra de apenas 60 páginas. El pensador alemán aludía a algunos artistas y algunas fotos que habían sido tomadas a lo largo del siglo XIX y también en el siglo XX. Todas ellas mantenían una pulsión artística que se estaba perdiendo debido a la masiva reproducción de imágenes llevada a cabo en los medios de prensa escrita. La fotografía estaba cambiando su sentido, abandonaba lo sublime para introducirse en un mercado que desde entonces no ha parado de crecer. La reproducción de imágenes es uno de los símbolos que define nuestra sociedad. El libro fue publicado en los años 30 del siglo pasado, no queda tanto tiempo para que se cumplan cien años desde ese momento. Pese a ello seguimos hablando y persiguiendo el aura en la actualidad.

La pregunta es si queda algo de ese aura en la sucesión de imágenes que podemos contemplar actualmente. Vivimos en un mundo dominado por la imagen, donde la fotografía parece haber perdido todo aquello que tenía de artístico para convertirse en un mero postureo en redes sociales. En este contexto ¿cuál es el papel del aura de la que hablaba Walter Benjamin? Cada día se toman millones de fotografías, muchas de ellas exactamente iguales porque hacen referencia al mismo edificio o al mismo paisaje. Se ha democratizado el acceso a esta disciplina y la mayoría de la gente repite los mismos patrones o bien se representa a si misma tomando imágenes sin control.

Perdida la intención artística, ¿dónde encontramos el aura de Benjamin? Puede que haya sido sustituida por el mercado, por las marcas, quizás por el selfie. Tal vez está en esa larga cola de personas que espera para poder entrar en el monumento de rigor en una masificada ciudad que casi no tiene cabida para tanta visita incontrolada. Puede que el aura este en el afán de consumo que empuja a la sociedad en una rueda que parece no tener fin.

El aura a lo mejor no existe. Desapareció por completo y ha sido sustituida por otros conceptos que nada tienen que ver con ella. Benjamin hablaba del aura de forma casi poética. Muchos de los artistas actuales no están preocupados por "la mirada de la línea de una cordillera" sino más bien por los vaivenes del mercado y la manera de obtener el triunfo personal basándose más en la improvisación que en una carrera sólida.

El aura o la pérdida del aura como uno de los síntomas

de nuestro tiempo.

Personalmente siempre me ha fascinado el papel que juegan los medios de comunicación en la sociedad. En todas sus facetas. Hace pocos días se anunciaba en los telediarios que se había producido un nuevo caso de violencia de género en nuestro país. Un hombre con una escopeta había disparado y matado a su cuñada que se encontraba en la casa de enfrente. Otra mujer había resultado herida, no recuerdo si finalmente también falleció, tal como se ofrece esta y otras noticias no resulta una información relevante. No se conocían denuncias previas por maltrato ni el hombre acumulaba penas por casos relacionados con la violencia de género. El suceso del día estaba servido. Además se había utilizado una escopeta de caza, ¡que macabro! Pasadas unas horas nada de lo dicho resultó ser cierto. Se trataba de un caso que estaba relacionado con un enfrentamiento entre familias por temas relacionados con drogas. La persona que disparó se había cargado a su cuñada como venganza contra su hermano. Nada que ver con la noticia original. Seguí el desarrollo de la información en varias televisiones, pero ninguna rectificó, ni pidió perdón a los espectadores por confundir los temas que se habían mezclado. Es mas muchos de ellos encontraron un nuevo filón en la historia de las familias enfrentadas y el futuro que le esperaba a ese hombre ante las amenazas de venganza que proferían los familiares directos de las mujeres asesinadas.

Lo que me llama la atención no son los asesinatos que se producen y que en nada van a cambiar nuestra vida, sino el tratamiento que dan al tema los medios de comunicación. La búsqueda del morbo, cualquier cosa es válida con tal de mantener y acrecentar la audiencia. Contrastar las noticias es cosa del pasado. Hay que buscar solo aquello que vende y la verdad importa mucho menos que el tema a tratar.

Una de las funciones principales de los medios de comunicación podía ser entretener. Muchos de ellos dicen que son los garantes de la información, hablan de independencia o de noticias independientes aunque deberíamos enumerar algunos factores que pueden influir o distorsionar estas premisas o la propia programación de la cadena. La defensa de sus propios intereses empresariales. Las tendencias políticas que tienen una mayor audiencia. El escándalo llevado a su máxima expresión. Gran Hermano. Las situaciones inverosímiles. La creación y destrucción de figuras. Fake news. Las series míticas. La admiración que el público siente por los presentadores, llegando en algunos casos a convertirlos en parte de su vida diaria, como si los conocieran de toda la vida (al final conviven con ellos durante algunas horas a la semana). Encontrar en la televisión un modo de vida a costa de mostrar la tuya. ¿Cómo nos afectan las noticias? La nula presencia de especialistas. El papel que juega la desgracia, la muerte, la destrucción, los efectos devastadores de la naturaleza, los asesinatos, los serial killers, las desapariciones, las sagas y las historias que se crean en torno a ellas. Los VIP. La fascinación que produce la imagen en movimiento. La falta de comunicación que provoca entre seres humanos. El efecto espejo que puede crear. El altavoz de situaciones indeseables. Las informaciones contradictorias. La contribución a la hiperinformación en la que vivimos. La posverdad. La confusión entre la realidad y la ficción. Lo freak. La figura del tertuliano que conoce y pontifica sobre cualquier tema posible. La efímera participación del público. Los programas que hablan de las miserias de los demás. Los canales de pago. El deporte.

Hay tantos temas posibles que es fácil perderse, pero sobre muchos de ellos vamos a tratar en este ensayo ofreciendo una visión crítica de los medios de comunicación y su influencia en la sociedad actual.

¿Dónde queda el aura en la actualidad?

Reproducción masiva y aura contemporánea

Si observamos algunas de las diez pinturas más icónicas de la historia del arte, nos daremos cuenta que hay elementos comunes entre ellas. Todas gozan de una mitología especial que la gente recuerda. Puede ser porque han sufrido uno o más robos, por un costoso traslado o por una historia rocambolesca que acompaña los personajes o el tema representado. Son tan conocidas que se repiten hasta la saciedad en todo tipo de formatos y objetos de merchandising, al tiempo que la gente se mimetiza e identifica con ellas.

Walter Benjamin decía en su famoso libro *Breve historia de la fotografía* que las obras de algunos autores que habían trabajado desde el descubrimiento de esta técnica, tenían un aura especial. Establece Benjamin una diferencia entre aquellas fotografías que parecían tener una intención artística frente a otras fotografías cuyo destino era la reproducción masiva en periódicos y revistas, cosa que comenzaba a hacerse patente en los años 30 del siglo pasado.

Cuando Eugene Atget, uno de los autores a los que se refiere el filósofo alemán, recorría con su cámara las calles de París, quizás de forma inconsciente, de forma anónima, estaba retratando una ciudad que ya no volvería, que se transformó por completo en las primeras décadas del siglo XX. Las calles, las plazas, los rincones escondidos, los performers que representa en sus fotografías, forman parte de un momento que ya no está, no es posible volver a revivir. Se trata de un recuerdo en imagen de una ciudad que fue. Los experimentos de Atget y su cercanía al movimiento surrealista, nos hablan de un estilo que trata

15

de crear y aportar novedades que superen el simple hecho de apretar un botón para que se refleje aquello que queda frente al objetivo. Así que, aunque Atget no tuviera una intención artística en sus obras, sino un simple trabajo de documentación, su legado de más de 4000 imágenes, ha quedado impregnado de ese aura de la que hablaba Benjamin [1], convirtiendo su trabajo en una referencia dentro de la historia de la fotografía. La nula distribución de sus obras, el vivir pobre y olvidado, vendiendo tan solo algunas fotos por unas monedas, hace que sus fotografías no tuvieran una distribución masiva en la época en la que Benjamin escribe su ensayo.

El aura de Benjamin es, como afirma Antón Patiño[2], un prestigio especial que acompaña a ciertas obras de arte y les confiere una dosis de veneración o respeto. Es muy similar al nimbo que las figuras de santos llevan en la cabeza y nos informa de la categoría que tiene la persona representada. Existen para Benjamin diferentes autores que merecen ese respeto y cuyas obras estarían impregnadas de ese aura.

Ahora, estaría bien, conocer que es lo que pensamos del aura en la actualidad y si este concepto puede también

---

[1] Benjamin define el aura como "una particular trama de espacio y tiempo: la irrepetible aparición de una lejanía por cerca que esta pueda estar. En un día de reposo, en un mediodía de verano, seguir con la mirada de la línea de una cordillera o contemplar una rama que arroja su sombra y sentir que el instante o el momento se funden con esas apariciones: eso significa respirar el aura de esas montañas, de esa rama". Walter Benjamin. *Breve historia de la fotografía*. Casimiro libros. Madrid 2011. Pag 32-33

[2] Antón Patiño. *Manifiesto de la mirada*. Editorial Fórcola. Madrid 2018. Pag 28

aplicarse obras de arte contemporáneo, sabiendo que, en muchos casos, la apropiación es uno de los símbolos de identidad de nuestro tiempo. El tiburón tigre en formol que presentó Damien Hirst como abanderado de los jóvenes artistas británicos, ¿podríamos decir que goza de un aura especial frente a otras obras de arte contemporáneo?

Cuando en 1917 Marcel Duchamp lleva un urinario para participar en un concurso del cual formaba parte como jurado, está transformando un objeto de uso cotidiano en una obra de arte. Ese objeto pasa a ser artístico por el simple hecho de aparecer expuesto en un museo. No es un urinario aquello que entendemos como el ideal de belleza, pero en este caso lo que cuenta es la acción llevada a cabo, no el objeto en sí. La idea frente al objeto. ¿Podemos considerar como aurática la acción de Duchamp? ¿Tiene aura ese urinario? Indudablemente el objeto en sí no tiene la carga de la que Benjamin hablaba en sus obras, pero es cierto que si existe una mitología que rodea esta acción que da origen al ready-made. Conocemos las motivaciones de Duchamp, la intención de provocar y estudiar las reacciones de sus compañeros de jurado al contemplar el objeto. Las bases del concurso decían que ninguna obra iba a ser rechazada (esta finalmente lo fue). El autor abre un camino sin fin a todo tipo de deposiciones y traslados desde 1917 en adelante. ¿Y si el aura no estuviera en la obra sino en la mitología que rodea al trabajo? ¿Y si hubiéramos olvidado la "rama que arroja su sombra" para centrarnos en una historia que nos produce risa y no pasa de ser una simple provocación?

El tiburón de Damien Hirst, que pudo verse por primera vez en 1991, comenzó a deteriorarse en el año

2006 debido a las malas condiciones de conversación iniciales. El artista se puso en contacto con el coleccionista que había adquirido la obra por la cantidad de 9,5 millones de euros, para reemplazar el tiburón original por otro de la misma especie y características del anterior. Esto nos da idea de lo efímero de algunas obras de arte contemporáneo. Debido a los materiales utilizados requieren una restauración o sustitución constante, algo que no es un problema para los grandes museos. Aunque el tiburón sea nuevo, la idea permanece y eso es lo que realmente importa, el mensaje, no el contenido del trabajo. Pero al mismo tiempo toda esta historia que acabamos de contar ayuda a la mitología que existe sobre la instalación. Si ya era bastante escándalo cuando se presentó por primera vez, aumentado por la cantidad de dinero que un coleccionista pagó por ella, para rematar resulta que el tiburón se descompone y hay que cambiarlo. La obra puede ser mejor o peor, pero no hay duda que tenemos una historia que contar sobre ella, sobredimensionada por unos medios de comunicación que solo se refieren al arte contemporáneo para destacar el escándalo que suponen ciertas situaciones.

Nos enfrentamos a una idea de aura que abjura de la reproducción y reconoce obras de un pasado idealizado. Frente a esto podemos argumentar un concepto actualizado de aura que incluye una masiva reproducción alimentada por todas aquellas historias que rodean a la obra. Podemos decir que Benjamin se adelantó a todo lo que estaba por venir, fue capaz de prever como la reproducción iría aumentando poco a poco y el capitalismo la convertiría en un elemento imprescindible del consumo moderno. Y el siglo pasado ni siquiera puede compararse con el presente, donde la pantallocracia se ha impuesto y pasamos más tiempo contemplando las imágenes fijas o en movimiento que nos ofrece esa pantalla conectada a la red, que las ramas que arrojaban su sombra en directo de las cuales hablaba Benjamin en sus escritos. ¿Qué cantidad de imágenes somos capaces de deglutir a diario? Miles y casi ninguna nos hace sentir aquello a lo que Benjamin se refería. La reproducción masiva de imágenes es una realidad y algunas de las más reproducidas son obras de arte. Quizás el efecto al que se refería Benjamin ya no se puede aplicar. Una imagen reproducida hasta la saciedad no pierde su condición artística, sino que la gana. Pasa a convertirse en un icono pop, se trata de una referencia de consumo exactamente igual que cualquier otro objeto. No hablamos solo de un consumo ligado a las imágenes que se pueden contemplar sino también a la persecución del icono para contemplarlo directamente y observar las diferencias que existen entre el original y la copia.

El Guernica es una de las referencias de la historia del arte. Se trata de una de las obras que primero aprenden los niños de gran parte del mundo. Es quizás la obra culmen de Pablo Picasso, cuya alegoría de la paz conecta perfectamente con cualquier tipo de persona. Al mismo tiempo es una de las obras más reproducidas en todo tipo de formatos y pantallas. Muchas de las personas que visitan el Museo Reina Sofía de Madrid lo hacen porque quieren ver el Guernica. Muchos ni siquiera se dan cuenta que en el mismo sitio también pueden contemplar conocidas obras de Salvador Dalí, Joan Miró o Antoni Tapies. Conocen la obra, la han visto miles de veces reproducida en libros y pantallas. Quizás muchos de ellos conocen la historia, las circunstancias en las que fue pintada, la intención del artista, el destino que tenía.

Incluso los mejor informados conocerán los avatares y diferentes traslados que tuvo en Europa, América, para regresar finalmente a España a principios de los años 80 del siglo pasado. Todas estas circunstancias son las que otorgan al Guernica un aura especial, rodean al cuadro de un estatus diferente al del resto de trabajos, que quizás son mejores, pero que no llegan a ser tan conocidos como este.

Por tanto la obra ejerce en palabras de Manuel Ruiz Zamora[3], un foco indudable de peregrinación, que hace que la gente se traslade para contemplar en directo un trabajo que sorprende por su gran tamaño, igual que la Gioconda, que parece una reliquia contemporánea que debe visitarse, aunque con un tamaño mucho menor que la obra de Picasso.

Pero no se trata solo de contemplar en directo el icono mediático que conocemos hace tanto tiempo, sino que nuestra sociedad demanda una localización constante del lugar donde nos encontramos en ese instante. El mundo debe estar informado de lo que estamos haciendo y aprobar con sus reacciones que son felices porque podemos estar allí. ¿Cuántas imágenes del Guernica son tomadas en directo a diario y se vierten en redes sociales con intención de obtener una reacción positiva de nuestros conocidos? La propia reproducción de imágenes se alimenta a si misma con esta actitud, generando información y

---

[3] Afirma el autor que la reproducción interminable de originales opera como una lente de aumento que refuerza la condición aurática del objeto. Se acude por lo menos una vez en la vida para verificar que realmente existe como si fuera una reliquia que hay que contemplar y venerar. Manuel Ruiz Zamora. *El mito del aura en la época del postarte*. Revista de Occidente Nº453. Pag 95-115

contendido sobe la obra, el lugar donde se encuentra (que adquiere tanta importancia como la obra en sí) y produciendo envidia en todas aquellas personas que no han tenido la oportunidad no ya de verla, sino de demostrar que han estado allí. Quizás los dos verbos, ver y estar, deban ser conjugados al mismo tiempo. La apariencia ya no se encuentra en la palabra sino en la pantalla, se trata de una nueva "máscara"[4] que define nuestro tiempo.

Localización fotográfica

Una de las labores principales del fotógrafo es la de ejercer como un traductor. Cuando se toma una fotografía normalmente se traduce de un lenguaje a otro, con lo cual sería bueno conocer cuáles fueron las motivaciones o la historia del original, para así captar mejor el espíritu de lo que se trata de representar. Estas normas (no escritas) podrían aplicarse a los miles de lugares que suelen visitarse cada año y de los cuáles tenemos múltiples ejemplos en cada una de las redes sociales en las que nos hemos dado de alta con un perfil. Algunos al referirse a la fotografía de arquitectura hablan sobre el conocimiento de la historia o de la forma de pensar de la gente que construyó el edificio para así captar mejor su esencia y representar aquellas partes que nos informen mejor de las pretensiones de los autores o incluso hablar con ellos si estos están vivos. Tampoco se busca una imitación de la realidad, como decía Benjamin la representación de la mera semejanza respecto al original, sino una expresión diferente, algo distinto en un nuevo lenguaje. Muchas veces esta información que se

---

[4] Juan Martín Prada. El ver y las imágenes en los tiempos de internet. Akal. Madrid 2018. Pag 20

trata de transmitir será difícil de captar, en un trasvase de este tipo siempre se producen pérdidas pero la imagen traducida deberá tener su propia personalidad diferente de lo que se está tratando de representar y con información suficiente para poder ser identificada y descifrada en su nuevo lenguaje.

Susan Sontag[5] decía que la fotografía tiene mucho de apropiación, porque tomamos imágenes de algo que ya existe. Se trata de una captura de la esencia de objetos, personas, monumentos, paisajes y todo aquello que pueda ser representado. Son momentos que forman parte de nuestra experiencia vital, del devenir de nuestra vida. Pero lo que antes se consideraba una actividad artística, destinada a unos pocos, ahora con el uso de los apósitos móviles se ha democratizado, de manera que cualquier persona toma y expone sus fotografías al juicio crítico de su grupo más cercano. Frente a esos artistas de finales del siglo XIX y principios del siglo XX, a los que Walter Benjamin se refería para decir que su trabajo tenía un "aura" especial y que jamás volverían a tener ese estatus ante la distribución masiva que comenzaba a hacerse en el periodo entreguerras de las imágenes que aparecían en periódicos y revistas, nos encontramos actualmente con que todo el mundo es fotógrafo. Este nuevo personaje toma imágenes por doquier y es feliz con su cámara aunque ni siquiera sepa cómo aplicar algo tan básico como la regla de los tercios, que por defecto puede ser colocada en la pantalla del móvil para obtener mejores instantáneas. La fotografía ha dejado de ser una actividad artística para transformarse

---

[5] Susan Sontag *Sobre la fotografía*. DeBolsillo contemporánea. Abril 2013.

en una diversión que como dice Susan Sontag "sirve para construir una crónica del relato personal o de la propia familia". Antes veíamos como Eugene Atget recorría las calles de París para representar aquello que se encontraba escondido, plazas abandonas y desiertas, escaparates cargados de todo tipo de objetos extraños, tiovivos esperando ser encendidos de nuevo. Parece que encontraba la belleza en todo aquello que carecía de interés. Actualmente Atget sería un marginado no solo dentro del mundo del arte, como le ocurrió en su tiempo, sino también en las redes sociales, donde el postureo y la apariencia forman parte del exhibicionismo que cada día se puede observar. El interés por aquello que es distinto ha quedado anulado por el selfie y una amplia sonrisa que muestra nuestro nuevo blanqueamiento dental. Se trata de una idealización que a veces recuerda la obsesión del arte clásico por mostrar la belleza a cualquier precio, aunque el cuerpo fuera el de un anciano decrépito cercano a la muerte.

Vivimos un momento de localización fotográfica. Es importante que todo el mundo sepa dónde te encuentras en cada momento. La fotografía ha sustituido la relación social que existía tras cualquier viaje. Ahora se informa en el mismo instante en que se está allí, tanto a familiares, amigos o enemigos. Ni si quiera se mide la calidad de la fotografía, ni se incluye la figura humana porque así habrá una historia que contar sobre ese paisaje que se trata de representar, actualmente lo importante es aparecer en la foto junto al objeto, monumento o personaje de turno. Pongamos un ejemplo de un grupo de turistas que entran en la Plaza Mayor de Salamanca, uno de los más bellos ejemplos de plaza del siglo XVIII. Nada más entrar este grupo de turistas tomará fotografías que van a ser subidas a las redes sociales. Algunas serán solo arquitectónicas, representando imágenes de cualquiera de los cuatro pabellones que adornan el lugar. Otras incluirán a los propios turistas en primer plano cuyo marco será alguno de los arcos o ventanas que adornan las viviendas de este lugar. Posiblemente al tomar estas fotografías ninguno de ellos tenga en cuenta que este fue en principio el mercado más importante de la ciudad y que los arcos que lo adornan se construyeron, entre otras razones, para proteger a los comerciantes que ofrecían sus productos en la calle. Tampoco se darán cuenta que la función de la plaza era ordenar el tráfico de viandantes que se movían de un lugar a otro y que dependiendo del arco que tomes para salir te diriges a un sitio o barrio diferente de la ciudad. Hay multitud de factores históricos o arquitectónicos a tener en cuenta antes de tomar una fotografía en un lugar como este, una difícil labor de traducción que requiere una implicación importante con el edificio. Estoy seguro que ninguno de esos turistas ha tenido en cuenta alguno de estos factores históricos o constructivos sino más bien una gran premura por subirla a las redes sociales.

Si buscamos el hashtag #Salamanca o #PlazaMayorSalamanca encontraremos una colección de imágenes que se repiten hasta la saciedad. Puntos de vista que suelen ser impactantes para muchas personas, pero que siempre son las mismas vistas. Al tiempo amplias sonrisas aparecen delante de arcos de medio punto y piedras de color amarillento. Nada distinto, muy poco original, carencia total de algo diferente. Walter Benjamin nos hablaba de la reproducción masiva de la imagen, hoy en día la reproducción se transforma en repetición ya que las mismas personas toman la misma imagen sin importar para

24

nada la calidad o el mensaje que quiere transmitir.

Regis Debray decía que ya no somos capaces de contemplar aquellas cosas que representamos con nuestras cámaras porque nos falta la esencia para comprender su mensaje. La cámara de nuestro móvil se ha convertido en un arma que simplemente sirve para "ametrallar" monumentos, uno tras otro, sin llegar en la mayoría de los casos a comprenderlos[6].

Una de las imágenes que define nuestro tiempo es el número de minutos que se debe esperar para poder tomar una fotografía junto a La Gioconda. Como no es un cuadro de gran tamaño es imposible verlo entre el marasmo de filas y brazos que se mueven cargados con palos de selfie que tratan de fotografiar, no la imagen de esa enigmática mujer representada por Leonardo da Vinci, sino la del poseedor de la cámara junto al cuadro, para colgarlo cuanto antes en redes sociales y provocar la envidia de los que no están allí en ese momento. Se ha sustituido aprovechar todas las cuestiones artísticas que rodean la obra, por tener una imagen junto al icono, cuanto más conocido sea mucho mejor.

Walker Evans fue enviado a los condados más pobres de Estados Unidos después de la gran depresión para tomar imágenes de los campesinos que allí se encontraban y observar como los efectos que las inversiones que el estado americano estaba haciendo en esas zonas repercutían en el bienestar de los ciudadanos. Algunos de sus retratos se han convertido en iconos de la fotografía. Se trataba de un

---

[6] Juan Martín Prada. *El ver y las imágenes en el tiempo de internet*. Akal 2018. Pag 104

ejercicio de propaganda por parte del gobierno, pero el artista sabía captar en esos retratos el espíritu de cada uno de los personajes y los efectos de las penurias por las que estaban pasando tras la crisis de 1929. La esencia de esas fotografías, el ambiente de amargura y tristeza, nada tiene que ver con el selfie, donde la impostura define cada una de esas instantáneas.

Las redes sociales funcionan gracias a la vanidad de cada uno de sus usuarios. ¿Qué es lo que espera cualquier persona cuando cuelga imágenes en redes sociales? La respuesta es likes y comentarios, bien de alabanza o bien que sirvan para establecer una pequeña comunicación o debate. Cuantos más mejor, todo dependerá del número de seguidores o amigos con los que se cuente en cada una de estas redes. Esto tiene conexión con la afirmación que hacía Andy Warhol y que ha quedado completamente desfasada. Decía el genio pop que "en el futuro todos seremos mundialmente famosos por 15 minutos". Es una clara alusión a la influencia que ejercen los medios de comunicación en la sociedad. Cuando a alguien le entrevistan por la calle las primeras preguntas que suele hacer al final son: ¿esto para que cadena es? y ¿cuándo sale? De esta manera podrá informar sobre ello a su círculo de confianza. Con este tipo de entrevistas los 15 minutos de los que hablaba Andy Warhol han quedado reducidos a unos segundos. Me resulta gracioso las entrevistas que a veces realizan a la gente para las noticias donde les preguntan si hace buen o mal tiempo y contestan dependiendo del día y de la estación cuál es su sensación. Un segundo de fama, una escueta palabra: frio. Y acto seguido una nueva persona en pantalla. En eso consiste para algunos salir en televisión. No digamos si subimos

26

nuestras imágenes a redes sociales donde el momento de fama será tan solo una décima de segundo, el tiempo que corresponde cuando otra persona le ha dado al like o ha escrito un comentario, algo tan efímero. Así que todo va ahora mucho más rápido que cuando Andy Warhol realizó esa afirmación, entre otras cosas porque desde entonces se ha vivido una revolución en todo aquello que tiene que ver con la distribución de la información y la interacción social gracias a internet y los teléfonos móviles.

Algunos de forma patética tratan de imitar en sus fotos a ciertas celebrities. Ellos tienen miles de seguidores y cualquier cosa que pongan será juzgada de forma positiva. Hay personas que tratan de vestirse como ellos, realizar sus mismas poses o visitar los lugares en los cuales han estado para recrear algunas fotografías que puedan ser recordadas por otras personas. Nuestra sociedad tiende a pensar que existe una cercanía excesiva con este tipo de personajes que los convierte en un miembro más de la familia. Prueba de ello es como algunas personas tienen que renunciar a una vida normal porque no pueden salir a la calle asediados por el ansia de los demás a fotografiarse con ellos y así aumentar su vanidad y provocar la envidia en redes sociales. Tenemos ejemplos de personas conocidas que se van a vivir a otro país y solo aparecen en el suyo para hacer negocio. Esa supuesta cercanía es completamente irreal. Una persona por el hecho de aparecer en televisión no da carta blanca para acercarse a ella y pedirle un autógrafo o un selfie, pero el respeto se ha perdido y la familiaridad se impone convirtiendo en real una apariencia que no tiene ningún fundamento.

Retomando la idea del aura de Benjamin parece que

actualmente resulta muy complicado ser original o ser diferente. La mayoría de la gente es un peligro con un móvil en las manos porque produce las mismas fotografías en los mismos lugares y solo se dedica al postureo. Pero se debería hacer un esfuerzo, si queremos que nuestras fotografías tengan algún sentido, por dotarlas de una personalidad propia que se aleje de toda esta vorágine completamente vacía a la que ha conducido la extensión del móvil a todo el mundo.

Parece como afirma Juan Martín Prada que "gozar pasa por la imagen"[7]. Pero no se trata solo de una imagen referida a la toma de una fotografía sino también a la imagen personal, al selfie, que ha llevado a una promoción personal y a iniciar una tendencia a la idealización. En muchos casos este tipo de fotografías tiene que ser perfecto y no transmite realmente el estado de ánimo de la persona representada sino que está realizada no para el consumo personal sino que se expone al mundo para que realice un juicio (con más o menos éxito) sobre esa imagen.

Walter Benjamin estaba preocupado por la reproducción masiva que se empezaba a producir en su época debido al aumento en la distribución de los medios de comunicación escritos. Decía Benjamin que la imagen reprime el valor cultual. La originalidad de la imagen queda anulada cuando se distribuye de forma masiva porque estarías más cerca de la publicidad que del arte o bien del aura artística de la cual hablaba el pensador. Pero lo cierto es que todo este planteamiento acerca del aura se ha perdido por completo. Si analizamos las diez pinturas

---

[7] Juan Martín Prada *El ver y las imágenes en el tiempo de internet.* Akal. Madrid 2018. Pag 83

más conocidas de la historia del arte podemos ver que son algunas de las imágenes más reproducidas actualmente, no solo en su versión original, sino en diferentes memes que nos recuerdan la obra primitiva. *La Gioconda* o *La Noche Estrellada* pueden ser alguno de los ejemplos de los que estamos hablando. La perspectiva de Benjamin ha cambiado porque en la actualidad si queremos que cualquier objeto y obra artística adquiera valor pasa por la exhibición de la imagen, todo gira en torno a la publicidad y a la promoción.

Aura o comunicación

Podemos recordar muchas de las obras clásicas porque tenemos una historia que contar de cada una de ellas. José de Ribera, setabense que desarrolló casi toda su carrera artística en Italia, es un pintor que suele llevar muchos de los temas que trata hacía el extremo. Sobrepasa el límite de lo políticamente correcto y presenta situaciones en algunos casos de cruenta violencia. Es conocido por lo desagradable de las pinturas de martirio o lo descarnado de algunas de sus escenas mitológicas. A la hora de representar una enfermedad que se producía en algunas mujeres tras el parto, cuando segregaban más hormonas masculinas que femeninas, nos presenta una mujer con una barba de varios meses, la frente despejada con una incipiente calvicie, mientras sus manos hombrunas sujetan a un niño al que se encuentra dando el pecho. Tras ella la figura de un hombre, que suponemos su marido, observa la situación y mira al espectador con cara de no entender nada de lo que está pasando. Para representar a esta mujer barbuda Ribera pintó un hombre. Llevo el realismo a tal extremo que lo sacó de contexto para representar aquello que no era, exagerando la representación, tratando de engañar al espectador y motivar su reacción, tanto empática como de rechazo.

Se trata solo de un ejemplo de los muchos que podíamos utilizar con obras conocidas de la historia del arte. Ahora vayamos a una de las obras de la que es considerada una de las mejores artistas del momento con exposiciones en algunos de los más importantes museos del mundo. Hablamos de Yayoi Kusama. Al entrar en la sala del museo donde se expone su trabajo, todo está lleno de puntos de colores. Básicamente tenemos dos colores. Uno de fondo y otro en el cual se representan puntos de diferentes tamaños, algunos más grandes y otros más pequeños. Toda la sala y los objetos que aparecen en ella están pintados de esta manera en lo que parece una obsesión por los puntos que casi es enfermiza. Las paredes del cubo blanco están llenas de puntos de color negro sobre un fondo amarillo. En la parte central de la sala hay una mesa que también se encuentra pintada con estos colores. Encontramos dispuestos, parece de una manera aleatoria, una especie de globos con extrañas formas que también combinan amarillo y negro tal como hemos descrito. Lo mismo sucede con algunos cubos también distribuidos por la sala. Un cubo blanco transformado en dos colores. Una nueva dimensión.

Antón Patiño dice que la pérdida del aura está asociada a una nueva pobreza[8]. Si comparamos los ejemplos que acabamos de poner podremos darnos cuenta que en el primero tenemos una historia que contar. Podemos hablar

---

[8] Antón Patiño *Todas las pantallas encendidas*. Fórcola ediciones. Madrid 2017. Pag 59

del estilo del artista. También se describe una situación a la cual el pintor ha dotado de su personalidad para que pueda ser reconocible y se asocie con su obra. Incluso nos habla sobre los límites del arte y aquello que es políticamente correcto. Juega Ribera de forma divertida con ese concepto intentando provocar al espectador que contempla o conoce el trabajo. La obra de Ribera tiene un aura especial que se sustenta en todas estas características o bien para aquellos que no conocen su motivación en una masiva reproducción que nos lleva a saber sobre ella. Pero cuando observamos la obra de Yayoi Kusama nos falta una base teórica sobre la que asentar su trabajo. Quizás podríamos asociarlo al término de "pintura expandida" entendida como aquella que desborda el marco para inundar los objetos y las paredes de la sala de exposiciones. Conecta en este punto con los trabajos de Fabian Marcaccio, Franz Ackermann, Christian Sery o Angela de la Cruz. Pero la obra en sí, tal vez quitando el disfrute estético de la combinación de colores, no tiene mucho más que contar.

Puede que muchas de las obras de arte contemporáneo han perdido el aura porque ya no son capaces de contar historias. Se dedican solo a la simple contemplación estética. Agradable eso sí, pero falta por completo de contenido. Es una constante en muchos de los artistas más cotizados de la actualidad. Las seiscientas pinturas de puntos de colores de Damien Hirst no tienen ninguna fábula detrás de ellas. Se varía el color o el tamaño de alguno de los puntos lo que convierte a cada pintura en original. Pero no existe una descripción ni una asociación con otro estilo que de consistencia a la obra. Están claramente realizadas para satisfacer al mercado y

31

conseguir beneficio. ¿Dónde está pues el aura de una obra de este tipo? No existe porque no se sustenta en una base teórica. Ni siquiera cuenta algo para recordar. Es de una pobreza tan grande que quizás no pueda considerarse como arte sino como economía destinada a calmar la demanda. Jeff Koons es otro de los grandes artistas que se dedica a satisfacer la demanda de los coleccionistas. Sus obras han sido calificadas como neo-pop. Incluso se le quiere comparar con Duchamp en la provocación que generan sus trabajos en los museos, quizás la comparación sea una provocación en sí misma. En realidad le ocurre lo mismo que a Hirst. Generan obras en función del mercado. Su estudio se encuentra en plena ebullición ejecutando las directrices que ha dado el maestro (ex agente de bolsa) y en las que posiblemente ni siquiera participa directamente. Tengo dudas sobre si realmente conoce a la gente que trabaja en su estudio. El aura de las obras de Koons se encuentra en el mercado. Como agente de bolsa conoce perfectamente los avatares que tiene que ver con la oferta y la demanda. Transformado en artista solo se dedica a aplicar esos estándares intentando obtener el mayor beneficio posible. Como discípulo aventajado de Dalí utiliza el escándalo en su justa medida para mantenerse en boca de todo el mundo, ya sea por su vida personal o por su vida laboral. Siguiendo la cita de Oscar Wilde "hay solamente una cosa en el mundo peor que hablen de ti, y es que no hablen de ti". Koons lo sabe y lo pone en práctica.

Es pronto para saber el recorrido que estas obras tendrán en el futuro. El tiempo es el mejor sedimento para decir si una obra de arte puede perdurar en el tiempo. Si somos capaces de hablar sobre obras clásicas con soltura es porque existe una tradición en torno a ese trabajo que nos lleva a conocer detalles sobre el trabajo. Vivimos en una sociedad que tiene una permanente capacidad de olvido. Se vive para el aquí y el ahora. La visión de futuro es nula. La sucesión continua de imágenes es tan rápida que no somos capaces de retener muchas de ellas en la memoria porque nuestro cerebro no tiene capacidad para asumirlas todas. Cualquier plano que dure más de cinco segundos resulta extraño. Solo hay que pensar en el número de imágenes que cada día nuestros ojos con capaces de digerir y cuáles somos capaces de recordar al día siguiente. Ni siquiera estamos diciendo tras un mes sino solo al día siguiente. Norman Spear decía que el contenido real de la memoria depende de la capacidad que otorgamos a la velocidad de olvido[9]. Olvidar es el deporte de moda. Con estas premisas resulta difícil saber si la estética pop mezclada con el manga que practica Takashi Murakami en sus obras, podrá seguir vigente dentro de cien años, pero la pérdida de aura en estos y otros trabajos, la sucesión continua de imágenes, la capacidad de no recordar y muchos otros factores, hace que existan dudas sobre la pervivencia de obras de este tipo, carentes de contenido, llenas de estética, plagadas de colores y sin una historia que contar, aunque sea un épico robo con diferentes personajes implicados.

David Octavius Hill recibió el encargo de pintar un cuadro que incluía más de 500 personajes durante la primera asamblea de la iglesia escocesa que se había separado de la inglesa en el año 1843. Para que estos retratos fueran lo más fieles posibles tomó fotografías de

---

[9] Antón Patiño Todas las pantallas encendidas. Fórcola ediciones. Madrid 2017. Pag 91

cada uno de sus miembros con una técnica que no sería la más popular en fotografía, pero que cumplía su función para este cometido. Las fotos de Hill tenían una finalidad concreta. Una vez finalizado el encargo continuó con esta práctica haciendo del retrato una de sus señas de identidad. Walter Benjamin señala a David Octavius Hill como uno de los artistas que tienen un aura especial en sus fotos. Estamos ante el mejor retratista del siglo XIX. En las fotografías que realiza a las familias de los pescadores de New Haven se aprecia la dulzura y delicadeza con la que representa a cada uno de sus personajes que, vergonzosos, humildes ante el objetivo, no miran a cámara por si esta les va a arrebatar parte de su alma[10].

Si comparamos estas obras con los selfies[11] actuales nos daremos cuenta del significado de la nueva pobreza a la que se refiere Antón Patiño para muchas de las obras actuales. Una de las imágenes que más se repite es la de un personaje tomando una fotografía de sí mismo delante del espejo del ascensor, momentos antes de salir para dirigirse

---

[10] "…en la pescadora de New Haven, que baja los ojos con un pudor tan indolente, y tan seductor, queda algo que no es mero testimonio del arte del fotógrafo Hill, algo que el silencio no acalla, algo que reclama, con insolencia, el nombre de la que vivió ahí, que ahí sigue estando y que nunca quedará del todo atrapada por el "arte"". Walter Benjamin *Breve historia de la fotografía*. Casimiro libros. Madrid 201. Pag 13

[11] "Los selfies son, a pesar de las muy diferentes variantes que han ido surgiendo, una de las tipologías fotográficas más pobres: habitualmente con el rostro en el centro, afectado por la deformación típica del gran angular de la cámara del smartphone, casi siempre con mueca sonriente o adoptando algún gesto que trata de irradiar estilo o seducción". Juan Martín Prada. *El ver y las imágenes en el tiempo de internet*. Ediciones Akal. Madrid 2018. Pag 84.

a otro lugar. Sosteniendo el teléfono a la altura del pecho toma el reflejo que nos ofrece el espejo teléfono en mano, para inmediatamente colgarlo en alguna de sus redes sociales, anunciando al mundo que no pasará en casa las próximas horas. El retrato entendido como arte frente a la espontaneidad del momento. Narcisismo de una exposición permanente sometida a juicio y condenada al olvido en poco más de 24 horas. Una suerte de relación que huye del contacto personal para obtener su reconocimiento a golpe de like. Reafirmación de una identidad ideal alejada de los estándares reales que ejerce la mirada.

En el año 2003 se lanzó un programa para ordenador llamado Second Life. En él se podía interactuar creando un avatar y desenvolviéndose en un mundo virtual en el que se podía interactuar con otros residentes a través de conversaciones o bien con objetos que podían comprarse o venderse entre esos mismos usuarios. La propia empresa, llamada Linden Lab, facilitaba cifras de negocio que se habían obtenido con esas transacciones. Al principio tuvo cierta repercusión quizás atraídos por lo mismo que le ocurre a muchos de los juegos actuales que después pasan de moda o solo se mantienen un tiempo en los primeros puestos, la novedad. Hubo gente que se animaba a crear su propio avatar, entre otras razones porque en esa segunda vida podías tener una personalidad completamente distinta a la realidad. Junto a ello no eras reconocido por nadie pudiéndote convertir en quien realmente quisieras. El juego, como le ocurre a muchos otros, fue perdiendo fuelle poco a poco, entre otras cosas sus requerimientos de hardware y software eran muy altos para ese momento. La empresa decía que tenía un número de cuentas de varios millones pero en realidad los usuarios que participaban del juego eran muy pocos, cada vez menos. Algunas personas llegaron a decir que ese juego era el futuro. Un mundo real y un mundo virtual donde puedes ser antagónico a tu propio yo, sin consecuencias reales.

Está bien comparar el uso que muchas de las redes sociales tienen con esta idea que proporcionaba Second Life y que puede que actualmente se cumpla en muchas de las cuentas. Hay personas que tienen cuentas en Twitter donde no es necesario que aparezca su nombre, adoptan una personalidad que puede coincidir con la suya real o bien, parapetados en el anonimato, es completamente distinta. No digamos esos avatares que representan a personajes famosos y se anuncian como una cuenta fake, desde la que se dedican a comentar diferentes detalles diarios siguiendo los hashtag de moda. Quizás tras alguno de estos personajes se encuentra alguien que jamás hubiéramos pensado que podía participar de algo así. Con Instagram, red de moda, basada en la fotografía principalmente puede suceder lo mismo. No me refiero a crear una cuenta fake de un famoso, que también es posible, sino a la apariencia que tienen algunas de las fotografías que allí se cuelgan, tratando de ser algo que no son. Puro postureo. Fachada de una imagen que no coincide con la realidad. Una segunda vida que se aleja del contacto físico y transmite una imagen que no es real, que oculta los verdaderos sentimientos y problemas.

Alberto Santamaría dice que el aura se ha trasladado, ya no se encuentra en la obra de arte, sino en las relaciones sociales[12]. El hecho de colgar una fotografía para ponerla

---

[12] "El aura se encuentra ahora en las posibilidades del mercado, de los medios de comunicación, de la institución. El aura como decía

36

a disposición de todos los amigos y seguidores tiene mucho más que ver con la capacidad de reacción que con el arte. Lo artístico se diluye y es sustituido por el comentario (a veces jocoso) acerca de la imagen. Quizás el aura actualmente tiene que ver con la interacción en los medios de comunicación social y debe medirse por el número de impresiones que ha sido capaz de generar. El contenido es lo de menos. Todo lo que tiene que ver con el encuadre, la luz, el contraste o la aplicación de normas básicas ha quedado completamente diluido. La inmediatez como garante un en (efímero) éxito.

Benjamin se transforma en "encanto postizo y glamuroso"". Alberto Santamaría *Alta cultura descafeinada. Situacionismo low cost y otras escenas del arte en el cambio de siglo.* Siglo XXI editores. Madrid 2019. Pag 55

Acerca de los medios de comunicación

40

Teoría de la insensibilización

Los medios de comunicación descubrieron hace tiempo la capacidad de atracción y el efecto anestésico que tenían los sucesos en el espectador. Animados por la captación de audiencia terminaron convirtiendo en un recurso constante la presencia de este tipo de noticias en cada uno de sus boletines. Paul Virilio decía que la televisión se había convertido en un "museo del accidente" y realmente resulta una premonición interesante, ya que accidentadas aparecen ante nosotros cada una de las noticias que se cuentan. Pero no hablamos solo de desastres naturales y episodios violentos sino detalles tan poco trascendentes como la celebración de eventos de arte contemporáneo, cuyas referencias tienen siempre que ver con la obra más polémica, la acción más absurda y oportunista o la cantidad ingente de dinero que un coleccionista ha pagado por un pequeño oleo cuyo autor jamás hubiera soñado una cosa así. "La catástrofe es nuestro motor" afirma Agustín Fernández Mayo [13], es como si estuviéramos preparados para vivir el apocalipsis cada vez que nos sentamos frente al televisor. Virilio decía que la catástrofe es una obsesión del ser humano, algo que forma parte de su deseo.

Ya en el siglo pasado Walter Benjamin se preguntaba por el posible efecto de anestesia que provocaba en el receptor de noticias cuando se producía un choque fuerte en sus elementos de percepción. Decía el filósofo que el crecimiento de este efecto provocaba una mayor demanda

---

[13] Agustín Fernández Mayo *Teoría General de la Basura*. Galaxia Gutenberg. Barcelona 2018. Edición digital

por parte de la sociedad. Pero esos golpes constantes, uno tras otro, sin descanso posible, tienen el efecto contrario al deseado. La sobresaturación de información lleva a que la consecuencia sea una insensibilización en la persona que escucha. Se trata por tanto de golpes constantes que producen una sensación calmante que ya no activa ninguna reacción. Se necesitan pero no tienen ningún efecto. Escuchamos las noticias escandalosas a más no poder sin otorgarles la más mínima importancia, sin que sean capaces de provocar algún tipo de reacción. Cada uno de los golpes "absorbe el deseo y sosiega el cuerpo"[14].

La colección del MUSAC dispone de una obra del artista chileno Alfredo Jaar que lleva por título "Emergencia", realizada en el año 1998. Se trata de una gran piscina de la que emerge un mapa de África, que va apareciendo poco a poco hasta que conforma todo el continente. Una vez aparecida la forma continental que permanece un minuto en su forma completa, vuelve a sumergirse y desaparece por completo. Este proceso se vuelve a repetir pasados 12 minutos. El título de la instalación es significativo porque tiene una doble lectura, se trata al mismo tiempo de la aparición del mapa que emerge sobre el agua y también de una llamada de atención a las necesidades del continente que se encuentra en constante emergencia. Hace poco tiempo en un reportaje de televisión aparecían un grupo de médicos españoles que durante un periodo corto de tiempo viajaban a uno de los países africanos con idea de realizar operaciones que para

---

[14] Lucia Jalón Oyarzun. *La apariencia de un toque humano, o el diseño de la pasividad hiperactiva*. Revista de Occidente. Nº453 Pag 49-65

nosotros serían rutinarias y que esos pacientes no podían recibir, tal vez ni siquiera soñar con ellas. Algunos de ellos al ser informados sobre la posibilidad de operarse no preguntaban quién era el médico sino si la operación era gratis. Al contestarles que sí, se entregaban a esa posible mejora que podía hacerles un poco más fácil su vida. Conocemos perfectamente algunas de las necesidades del continente, seguimos escuchándolas en las noticias día tras día, diferentes ONGS nos informan de la situación, aunque insensibilizados por el aluvión de noticias que tenemos encima no somos capaces de darnos cuenta de las verdaderas necesidades que estas sociedades demandan. Tampoco es necesario hablar solo sobre el continente africano para tratar este tema. La obra de Alfredo Jaar es muy significativa y nos ilustra sobre una realidad a la que podemos abrirnos o dar la espalda. Pero no tenemos que viajar muy lejos para descubrir las necesidades. Si realmente tenemos interés, estas se encuentran más cerca de lo que pensamos.

Ya que estamos tratado el tema de la insensibilización y hemos hablado de Paul Virilio, merece la pena recordar alguna de las ideas que escribió acerca de la televisión porque tienen que ver con el tema. Decía Virilio que este objeto era una fuerte causa de la incomunicación en la sociedad contemporánea. La televisión habría provocado el descenso y la ausencia del diálogo en la familia. No tenemos más que pensar aquello que sucede en nuestra casa a la hora de comer y si la televisión (o cualquier otro elemento de distracción) se encuentra conectado a la corriente en ese momento. Añadía Virilio, aunque pueda parecernos escandaloso, que el número de divorcios aumenta terriblemente debido a esa falta de diálogo.

Hemos perdido la capacidad de comunicación con nuestras parejas y muchas veces, cualquier afirmación, incluso noticia que aparece en la televisión, puede ser motivo de discusión en vez de reflexión e intercambio de pareceres. El sopor y efecto de anestesia provocado por los medios produce una fácil irritación que tendemos a llevar hacia el extremo y nos impide "recuperar la palabra"[15].

Manipular es fácil

¿Qué es lo que esperamos encontrar cuando encendemos el televisor? Se supone que algo de entretenimiento, llenar el tiempo con un programa o una serie que nos divierte. Se trata de una especie de narcosis que evade nuestra mente del mundo real para transportarnos a otro en el que toda la información nos ha sido dada para así no tener que realizar el mínimo esfuerzo. En ocasiones lo grotesco se adueña de los programas y no

---

[15] "¿Que hacer para emplear bien el tiempo que termina destrozando relaciones de pareja y de vecindad?: recuperar la lengua, lo que quiere decir charlar juntos. La información mediática nos lo impide, hay violencia porque ya no se habla, para cambiar esta actitud hay que cambiar de actividades y quizás prescindir de aquellos elementos que nos tienen enganchados tan velozmente a la sociedad y que hacen que se pierda nuestra capacidad de diálogo. La primera manera de amarse es la palabra, una necesidad que está amenazada por las tecnologías de la información. Para salvar la humanidad debemos recuperar la lengua y la escritura, después recuperar al otro para no perderlo, es decir, rechazar el divorcio (la velocidad nos lleva a realizar en cinco años lo que antes se hacía en cincuenta por lo que a veces se nos agota lo que tenemos que hacer o decir en poco tiempo y recurrimos a la separación), si nuestra sociedad camina hacia el individualismo solitario, con la pareja separada y la familia monoparental no habrá resistencia posible". Paul Virilio. *El Cibermundo. La política de lo peor*. Cátedra 1997.

hablemos de la humillación a la que se someten las personas que exponen su vida diaria al morbo de un público catatónico. Una humillación que también se aprecia en algunos concursos que llevan al límite a sus participantes sometiéndoles a ejercicios dignos de profesionales deportivos o haciéndoles comer animales que se alejan de nuestra dieta tradicional.

Es posible que también busquemos información. Tenemos tendencia a recibir aquellas noticias que nos reafirman en nuestras teorías, es decir a escuchar aquello que queremos oír porque lo contrario nos enfada. De todas maneras muchas de las noticias que aparecen en la televisión tienen que ver con el caos, la violencia y la destrucción. No estoy seguro que sea eso lo que queremos escuchar. Se nos informa continuamente de asesinatos que se producen de forma violenta. Los nombres asesinos y víctimas se repiten hasta la saciedad, pero no vamos a ser capaces de recordarlos porque el flujo de información es tan intenso que una vez sustituido por el siguiente nombre, el hueco vuelve a rellenarse y no deja de acumular personajes anónimos y una realidad que hay que reconocer que se produce. Pero ¿es ese el tipo de noticias que esperamos? Los medios construyen sagas épicas basadas en la esperanza de encontrar al perdido, liberar al atrapado y alimentar el morbo público con intención de que pasen el mayor tiempo posible pegados a esas noticias y así incrementar la audiencia. ¿Recordamos los nombres y las historias de las personas que han participado en estas sagas o los olvidamos una vez que se cierran de la manera que sea? Por eso está bien cuestionarse si las noticias que nos venden, la gran mayoría relacionada con el caos natural y la vileza del ser humano, son aquellas que realmente queremos escuchar.

George Perec escribía un texto en el año 1973[16] donde alude a esta idea. Decía expresamente que los periódicos le aburren porque no son capaces de contar aquello que le interesa. Ni siquiera son capaces de responder a las preguntas que formulamos. Conocemos diferentes historias que como hemos explicado nos conducen a muy poco, pero hay otra vida, la de muchas personas anónimas que hacen cosas, que tienen una rutina, que construyen, trabajan, investigan. Cada una de estas cosas también suceden en el día a día pero las desconocemos. Perec decía que echaba de menos "lo trivial, lo cotidiano, lo evidente, lo común, lo ordinario". Se trata, como lo califica el escritor, de la teoría de la infraordinario.

El fotógrafo alemán Michael Najjar presentó en 2006 una serie de fotografías dedicadas a la segunda guerra del golfo entre las que destacaba la que lleva por título *Embedded*. En ella se puede observar como una periodista semidesnuda se está acostando con un soldado americano con idea de sacarle información que pueda utilizar en las crónicas que envía al medio para que trabaja. Hay algunos detalles interesantes como la ropa que se encuentra en el suelo, donde aparece la credencial de periodista de esta mujer, las botas, el arma o la chaqueta del soldado que indica claramente su pertenencia al US Army. También junto a la cama observamos unas esposas que se encuentran colgadas sobre la litera que están utilizando y que aluden a la retención de prisioneros o bien a algún juego sexual de la pareja que sin duda se nos escapa. Esta

---

[16] George Perec *Lo infraordinario*. Editorial Impedimenta. Madrid 2008. Pag 22

fotografía pone de manifiesto un par de cuestiones. Primera sería la precariedad a la que se enfrentan muchos periodistas que trabajan como corresponsales en zonas de conflicto. Muchos de ellos en vez de tener un contrato trabajan de forma autónoma, en condiciones lamentables y sin cobertura de los medios para los que envían sus textos y fotografías. En segundo lugar, no todas las noticias entran. Da impresión de que sea similar a una subasta donde las noticias se compran y se venden al mejor postor. Teniendo en cuenta cual es el tipo de noticias que estamos acostumbrados a ver habitualmente, conseguir acercarse a lo que más interesa al público supone un peligro y un riesgo constante para la vida del periodista y fotógrafo. Si analizamos estos factores, no parece extraño que algunos, como vemos en la fotografía, utilicen cualquier tipo de táctica para conseguir aquella información que puedan vender al mejor postor y así poder seguir sobreviviendo.

Mario Perniola decía que lo noticiarios vierten noticias carentes de acción[17]. Se trata de miríadas de información que no cuestiona al espectador sino que simplemente ocurren sin que tengan ninguna consecuencia. Es como una sucesión de nombres que se leen en una lista que parece interminable, una lista que se renueva con cada noticiario. Las noticias están cargadas de palabras que aluden al desastre, caos, destrucción, asesinato. Se trata de noticias que causan rechazo y repulsión, no son para nada atractivas. Las noticias positivas han sido alejadas de nuestra vida diaria, se rechazan porque han sido sustituidas por otras que sentimos cada vez como lejanas y apartadas

[17] Mario Perniola *El futuro de la ilusión: acción artística, comunicación patafísica*. Revista Archipiélago n°79. Pag 339-351

de nuestros quehaceres. Si para Platón lo cruel representaba aquello que no queremos ver, indudablemente los tiempos han cambiado y en la actualidad lo cruel se ha convertido en un espectáculo, una pérdida de tiempo si enlazamos el sentido que otorga Guy Debord a esta palabra.

Pensábamos que las noticias tenían que contar la verdad o por lo menos ajustarse a ella de una forma coherente. Pero vivimos una época de completa desinformación. El grado de manipulación al que hemos llegado nos hace cuestionar cualquier noticia. Existen argumentos a favor y en contra que muchas veces hacen que la gente se decante de acuerdo a sus sentimientos, sin prestar la más mínima atención a lo que ha ocurrido realmente. En esta época de posverdad es imposible conocer la realidad. La información se transforma y modifica con suma facilidad tocando la fibra interior del espectador para que reaccione o tenga miedo. Por ejemplo, después de producirse los atentados de las torres gemelas en el año 2001, cuando la gente se encontraba extasiada viendo una y otra vez las imágenes de los impactos de los aviones sobre los edificios, se distribuyeron unas imágenes, que fueron emitidas en todo el mundo. Allí aparecían unas mujeres palestinas que se encontraban en actitud de celebración se supone que debido a la caída de las torres. Cualquiera podría pensar que estaban felices por un evento tan trágico y provocar instintos primarios clamando venganza por un hecho de este tipo. Poco tiempo después nos enteramos que esas imágenes no correspondían con una celebración con motivo de la caída de las torres sino que estaban celebrando en un momento pasado algo que tenía que ver con los enfrentamientos entre Israel y

Palestina, donde se había producido una victoria parcial. ¿Eran conscientes los medios de comunicación que emitieron esas imágenes que no correspondían con lo que se estaba viendo? ¿Fueron capaces de contrastar la noticia antes de emitirla? A buen seguro que no y una respuesta serena para estas preguntas sería que lo hicieron de forma consciente para provocar.

Jean Baudrillard publicó un artículo poco tiempo después de los atentados a las torres gemelas donde hablaba de la manipulación de lo real, que podía aplicarse de la misma forma a la vida cotidiana o al arte. Ya nada es real sino que lo que queda son "vestigios" de lo real. Lo mismo ocurre con el arte, ya nos hemos olvidado de calificar las obras con ideales de belleza o fealdad. Las obras bordean lo real ya no se someten a un juicio estético[18].

Al hilo de esta afirmación Joan Foncuberta presentó en Salamanca en 2006 una exposición que podríamos llamar "La sirena del Tormes". En ella se mostraban las réplicas de esqueletos de sirena y algunas fotografías que habrían sido tomadas en el año 1951 en las riberas del río Tormes a su paso por la provincia de Salamanca. Según se dijo se habían ocultado hasta ahora para no provocar el desasosiego del público de la época. Al tiempo se invitaba a la comunidad científica a observar las reproducciones y fotografías y extraer una conclusión sobre si el tema podía ser cierto o falso. La ciencia no mostró el más mínimo interés por el tema pero sí el público, que acudió de forma

---

[18] El artículo *La 4ª guerra mundial está en otra parte* fue originalmente publicado en el periódico Le Monde el 2 de Noviembre de 2001 tras los atentados del 11S en Estados Unidos.

masiva a ver la exposición y comprobar de primera mano los cuerpos mitad pez mitad humanos de esas figuras fosilizadas. Indudablemente todo era una patraña, pero en ningún momento se afirmaba que así fuera. En la rueda de prensa de presentación se dejaba todo a medias, con intención de que fuera el público el que otorgara su veredicto a lo que allí se exponía. Muchos, enardecidos por el orgullo provincial de la existencia de sirenas en Salamanca, acudían en peregrinación para salir satisfechos o decepcionados con el evento. Estamos en un momento, ya lo decía Baudrillard, donde no es posible distinguir la realidad del simulacro, ni en la vida real, ni en el arte. Tampoco parece posible establecer un juicio estético sobre este truco conceptual.

El artista Javier Nuñez Gasco realizó diferentes apariciones en programas de televisión donde había inventado historias que no fueron contrastadas por los periodistas. Solo les interesaba la parte morbosa o el escándalo que el artista había inventado para la ocasión. Con ello trataba de demostrar la banalidad a la que se enfrentan los medios de comunicación en su labor diaria. Muchas de estas obras fueron presentadas en una exposición bajo el título Cultivo celebrada en el año 2002 en La Casa Encendida de Madrid. La serie de vídeos lleva el título "Desde dentro". En uno de ellos se hizo pasar por un personaje llamado Fernando Nuñez y apareció en el programa "Esta es mi gente" presentado por el mediático Jesús Vázquez en Telemadrid. Contó en ese talk show como en Valencia, adonde había viajado con un grupo de amigos para celebrar la noche de San Juan, se había bañado desnudo en el mar mediterráneo para de esa manera tener suerte con las dos novias con las que salía al mismo tiempo.

Cuando escribió su carta al programa, cuyo tema era hablar sobre "La noche de San Juan y una noche mágica", la posibilidad de tener dos novias y sobre todo de mantener dos relaciones al mismo tiempo, supongo que sería determinante para que los guionistas vieran una mina de audiencia en ese testimonio. En otro vídeo, también del año 2002 y de la misma serie, titulado "*Microchip*", el artista se hace implantar un microchip de identificación como el que llevan algunas mascotas y envía notas de prensa a diferentes medios, algunos de los cuales le llaman para poder realizar una entrevista. Cuando se encuentra delante de cada uno de ellos cuenta una versión diferente del porqué lleva el microchip implantado, de manera que cada medio ofrece una noticia distinta sin ni siquiera contrastar la posibilidad de que sea cierto lo que está diciendo o el simple hecho de que un humano lleve un dispositivo electrónico de este tipo en su cuerpo. Al engaño se prestaron desde telediarios donde apareció la noticia a algunos programas de talk show donde el artista contaba sus diferentes versiones y adquiría diferentes roles que mostraban distintos estereotipos sociales. Ninguno de los medios lo reflejó como un engaño.

Respecto a la manipulación contaba Fernando Sabater que había leído una noticia que indicaba que en Estados Unidos se pensaba crear una oficina de mentiras. Estaría dedicada a esparcir rumores intencionados, que pudieran beneficiar, por ejemplo, la lucha contra el terrorismo. Al día siguiente de que esta noticia se pudiera ver y leer, salió un desmentido oficial que indicaba que la creación de esta agencia era un falso rumor. Afirma el pensador que mucha gente llegó a la conclusión de que la primera tarea de la agencia había sido la negación de su propia existencia[19]. Ahora solo nos queda extraer nuestra propia conclusión.

Seguro que mucha gente recuerda que España apoyó junto al Reino Unido y Estados Unidos la participación en la segunda guerra de Irak. Un actitud que fue muy criticada por diferentes sectores de la sociedad, que hicieron del lema "*No a la guerra*" una bandera que tenía más que ver con la lucha de poder que con un sentimiento real. El presidente del gobierno José María Aznar no cedía y mantenía una posición en la que España debería ocupar un papel importante en el contexto mundial gracias a un apoyo que no pasaba de simples palabras, ya que el grueso del operativo se iba a llevar a cabo por el ejército americano y británico, mucho mejor preparado que el español. Cuando el país se encontraba en este debate, la televisión pública emitió un reportaje sobre la fabricación de armas de destrucción masiva y los efectos que estas podían tener en la población. Era un reportaje muy duro, sobre todo por las consecuencias que estos agentes químicos o biológicos causarían sobre cada uno de los afectados. Mucha gente se asustó, se palpaba en el ambiente. Se hablaba de ello en los lugares de trabajo y en las conversaciones diarias. El uso de armas de destrucción masiva podría acabar con la sociedad occidental de forma rápida y fácil. Conviene recordar que, ante la falta de excusas para realizar la invasión, el argumento utilizado era que el sátrapa Sadam Hussein disponía de armas químicas y biológicas para destruir el mundo entero. La invasión se llevó a cabo, pero las armas jamás aparecieron

---

[19] Fernando Sabater. *Los 10 mandamientos del siglo XXI*. Randon House Mondadori. Barcelona 2004.

porque no existían, solo fueron una excusa para poder hacerlo. La manera de ganar la opinión pública fue este tipo de reportajes que solo incrementaban el miedo de la población a perder su estatus de clase media. Lo curioso es que nadie pidió cuentas ni perdón por ello. Solo los muertos que provocó esa guerra lo merecen, pero en ocasiones el ser humano parece tener memoria de pez.

El artista iraquí Adel Abidin jugaba de forma irónica con esta idea de destrucción en su obra *Memorial*, una triple proyección animada que se presentó por primera vez en el año 2009. Sobre un paisaje desolado emerge un recuerdo de la primera guerra de Irak en el año 1991 cuando los americanos bombardeaban la ciudad por tercer día consecutivo y habían destruido uno de los puentes más emblemáticos de la ciudad que unía las orillas del río Tigris. Al día siguiente el artista se dirigió al puente para ver qué había ocurrido y ciertamente esa zona quedaba incomunicada, pero en uno de los lados del puente había una vaca muerta. Un animal muy extraño en la ciudad de Bagdag. El artista dejó de lado la destrucción del puente para centrarse en las causas por las que ese animal había perdido la vida y las razones por las que se encontraba en ese lugar. En su triple proyección el artista imagina las opciones que pudieron llevar a ese animal a perder la vida en ese lugar. Pero lo cierto es que destaca un ambiente de amargura por toda la situación que suponen los bombardeos, los edificios humeantes, la destrucción y todo lo que conlleva una acción de este tipo. De la vaca en sí nadie no habría hablado sino lo hace el artista con su obra.

El Eróstrato contemporáneo y los derechos humanos

Eróstrato era un pastor que vivía en la ciudad de Efeso. Ha pasado a la historia por prender fuego al templo que se conservaba en esa ciudad y que estaba dedicado a Artemisa. Se trataba de una de las siete maravillas del mundo. El templo ardió en el año 356 a.c. La finalidad de Eróstrato era pasar a la posteridad, ser conocido, que los libros de historia hablaran de él por destruir uno de los templos más bellos del mundo. El artífice confesó bajo tortura cuál había sido su verdadera intención: conseguir fama a cualquier precio. Pese a que se prohibió registrar su nombre bajo pena de muerte, como vemos su acción ha pasado a la historia y se utiliza también en psicología para designar a este tipo de personas.

Claro que existe una diferencia muy importante entre el momento en que esa acción se llevó a cabo en Grecia, donde solo algunos historiadores podían reflejar el acto y el masivo desarrollo de los medios de comunicación y redes sociales que existe actualmente. En esta época de hiperinformación un evento de este tipo no habría pasado desapercibido y habría tenido repercusión en todos los medios, con multitud de opiniones de tertulianos que saben de todo y de nada, algún experto (pocos) y público en general que buscaría posicionarse frente a una acción así que, a buen seguro, tendría detractores y defensores.

El grupo terrorista que perpetra un atentado tiene una finalidad, puede ser de tipo social o político, pero se supone que tiene un argumento que trata de defender la acción que va a llevar a cabo. Claro que en nuestra sociedad resulta difícil argumentar la pérdida de vidas humanas inocentes por un ideal del tipo que sea. Al mismo tiempo el terrorismo cuenta con el apoyo incondicional de los medios de comunicación. Sin ellos no sería nada. La repercusión mediática que supone un atentado donde hayan fallecido seres humanos engrandece el acto y lo eleva a una categoría muy superior a la que realmente tiene. Tenemos terroristas que se inmolan causando muertos a su alrededor, la diferencia con Eróstrato es que no recordamos ninguno de sus nombres. Se supone que lo han hecho por un ideal mucho mayor que su propio nombre. Pero nadie les va a recordar, han sido manipulados para perder la vida por una idea que muchas veces se esfuma en cuanto otras noticias llegan para cubrir las anteriores. Y en ese espacio de tiempo se ha escapado la vida de personas inocentes que nada tienen que ver con todo aquello. Los medios de comunicación animan a la comisión de atentados porque los que quieren perpetrarlo saben que van a contar con su apoyo efímero pero incondicional.

Lo más aterrador es que cuando podemos ver los rostros de cualquiera de esas personas utilicen o no una máscara para cubrir su cara, es que son seres humanos exactamente igual que nosotros. Nos cuesta llegar a comprender como pueden sufrir una transformación tan grande para ser capaces de no respetar la vida de los demás, personas completamente inocentes[20].

---

[20] "El horror real de los terroristas suicidas encapuchados no es que haya una cara monstruosa detrás, sino cuando se quite la máscara la cara puede ser de una persona perfectamente normal, idéntica a cualquiera". W. J. T. Mitchel *Clonando el terror. La Guerra de las*

Fernando Castro afirma que el terrorismo no sería nada sin los medios de comunicación. Lo único que buscan con los atentados es un efecto eco que lleva a sus acciones a ser conocidas en todo el planeta atrayendo la charla hacia las causas a favor o en contra del mismo. Con esta repercusión solo se consigue crear un efecto imitación que lleva a otro a repetir la hazaña para volver a comenzar el proceso[21].

Lejos quedan otras acciones que podríamos calificar como inocentes comparadas con lo que estamos describiendo. El 9 de Abril de 1950 Michel Mourre (cuya vida está conectada con la acción que vamos a describir) y un grupo de letristas entraron en la Catedral de Notre Dame. El protagonista había alquilado un traje de dominico, se había rapado de manera que se podía apreciar la tonsura en su cabeza. Subió al altar cuando se producía una pausa en el rezo del Credo y leyó un panfleto en el que afirmaba que Dios había muerto. Las 10.000 personas que se encontraban el día de Pascua en el lugar le escuchaban estupefactos. Momentos después fue detenido, aunque casi pierde la vida, ya que los guardias se dirigían a él espada en mano con no muy buenas intenciones. La prensa se hizo eco de todo aquello consiguiendo el objetivo de los letristas, llamar poderosamente la atención escandalizando al público. Algo parecido había hecho el artista dadaísta Johannes Baader quien el 18 de Noviembre de 1918 se dirigió al sacerdote que oficiaba la misa en la Catedral de

imágenes; del 11 de septiembre a Abu Ghraib. Brumaria. Arte y terrorismo nº 12 Madrid 2008 Pag 87

[21] Fernando Castro Flórez *Arte y Política en la era de la estafa global.* Editorial Sendema. Valencia 2014. Pag 78

Berlín preguntándole por lo que significaba Dios para él, contestando el propio Baader que a él Dios le importaba un bledo.

Estos intentos de provocación no son comparables con los atentados que describimos, simplemente muestran cómo se puede conseguir repercusión a través de uno de los temas tabúes para mucha gente, en este caso la religión. Situaciones similares se han convertido en acciones artísticas que buscan una finalidad similar, no tenemos más que pensar en las mujeres que forman parte del movimiento Femen que realizan su reivindicaciones mostrando sus pechos en público consiguiendo con ello aparecer en la mayoría de los medios de comunicación. ¿Acción artística, escándalo, repercusión fácil? Un objetivo cumplido. O bien todos aquellos que invaden un campo de fútbol durante uno de los eventos finales en copas del mundo o de continentes, quizás con una reivindicación, no exenta de notoriedad.

Guy Debord hablaba de la distracción a la que estaba sometido el ser humano en las sociedades avanzadas por medio del espectáculo. Guiado por este entretenimiento efímero que solo servía para llenar el tiempo de ocio, la persona estaba alejada de cuestiones más trascendentales que podían hacerle cuestionarse todo lo que estaba a su alrededor, entre ellas el propio sistema. Desde entonces el espectáculo ha invadido cada uno de los rincones de nuestra sociedad. Ya no sabemos vivir sin esos momentos de entretenimiento por el cual estamos dispuestos a pagar para ver como el tiempo se escapa y todo va pasando sin que nada suceda. Pensemos en la multitud de posibilidades de ocio que nos alejan de momentos de pensamiento crítico sobre los defectos y carencias de la sociedad. La vida cotidiana y el tiempo libre se fusionan para convertirse ambos en espectáculo, un lugar que reduce la novedad a la mínima expresión y controla la voluntad del consumidor. El espectáculo aparece como "guardián del sueño"[22].

¿Y si estableciéramos una conexión entre el terrorismo y el espectáculo? Dentro del sopor que producen las noticias de cada día, encontramos de forma sutil como se van sucediendo estos actos en diferentes lugares del mundo, pero no lleva a la sociedad a ninguna conclusión lógica sobre aquello que está pasando, porque se ha delegado la capacidad de decisión para no tener que pensar en ello. Se trata de un elemento más de distracción que nos afecta según diferentes grados dependiendo de la lejanía o cercanía del evento. Se trata de un fenómeno más con el que convivir, una extraña costumbre que ha sido aceptada, aumentando así la incertidumbre sobre la posibilidad de la catástrofe que ya de por sí, se cierne cada día sobre cada uno de nosotros, en un apocalipsis que no para de repetirse una y otra vez en los noticiarios.

Hay personas que ha calificado la caída de las Torres Gemelas de Nueva York como la primera gran obra de arte del siglo XXI, una obra de arte total como la definió el compositor alemán Karheinz Stockhausen. La capacidad de atracción del acto perpetrado hace que el espectador lo

---

[22] "Guy Debord consideraba que el espectáculo no era otra cosa que la reconstrucción material de la ilusión religiosa, un conjuro de trivialidades, fluidas en su diversión aparente, con un extraño poder hipnótico que no es otro que la forma actual de mercancía. El espectáculo para Debord es el guardián del sueño". Fernando Castro Flórez *Estética de la crueldad*. Forcola ediciones. 2019. Pag 226

vea repetido una y otra vez. Se trata del poder que ejerce sobre nosotros la imagen en movimiento. Al mismo tiempo aquello que solo podía imaginarse en un "espectáculo" propio de una película de ciencia ficción, sentados en una butaca y preparados para que el tiempo pase sin pensar durante aproximadamente dos horas, ha sucedido realmente, ante nuestros ojos, en conexión con algunas de las noticias de máxima audiencia. Estas una y otra vez repiten en bucle como se estrellan cada uno de los aviones y como las torres terminan cediendo para convertirse en una nube de polvo y cenizas. Atracción por el evento y espectáculo cuyas consecuencias seguimos sufriendo en la actualidad, pero quizás esta última frase es de mucho menos interés.

Decía Paul Virilio que el accidente y el progreso están íntimamente unidos[23]. Los vehículos de transporte nos permiten sin duda un movimiento mucho más rápido de personas y mercancías. Al mismo tiempo esos mismos vehículos tienen accidentes provocados por distracciones o imprudencias que tienen como consecuencia la pérdida de vidas humanas. Estos avances de la técnica traen progreso pero también muerte. En el colmo de la vanidad, los teléfonos móviles empezaron a incluir cámaras cada vez más sofisticadas no solo en la parte trasera sino también en la delantera. Esto permitía tomar muchos más y mejores selfies utilizados para mayor gloria personal. Este avance que facilitaba la toma de los propios retratos también ha provocado algunas muertes. Tenemos personas que arriesgan su vida para tomarse fotos en lugares completamente inverosímiles, cargados de peligro, donde

[23] Paul Virilio. *El cibermundo, la política de lo peor*. Cátedra 1997.

algunos han llegado a perder la vida por conseguir unos cuantos likes y varios comentarios en redes sociales. De acuerdo con el filósofo francés algunos de estos elementos de la técnica son aprovechados por el terrorismo para causar la destrucción. Camiones y coches cargados de bombas, vehículos que son capaces de causar el terror en el centro de diferentes ciudades y arrollar personas inocentes que pasean por lugares supuestamente tranquilos. Aviones que ya no unen países lejanos de forma rápida sino que se usan como objeto capaz de causar el desastre. Son contenedores de la destrucción. Elementos de la técnica al servicio de la catástrofe en vez de cumplir con su función primera que sería, entre otras, buscar la comodidad de las personas y facilitar la vida y el contacto de la gente. Se trata, como dice Fernando Castro[24] "de la incertidumbre de un mundo en el que cualquier cosa puede ocurrir, hay violencia cuando las expectativas son inciertas, cuando puede suceder cualquier cosa. Nadie se encuentra a salvo frente al violento".

Poco después de los atentados de las Torres Gemelas, el gobierno de Estados Unidos comenzó a realizar arrestos de forma indiscriminada. Muchos de los presos fueron trasladados al centro de detención de Guantánamo. Allí llegaron desde diferentes lugares del mundo, muchos de ellos desde Afganistán tras la invasión que se produjo en ese país. Estamos hablando del año 2002 en adelante, poco después de los atentados de la Torres Gemelas. Allí se encontraban, fueran inocentes o culpables, sin ninguna garantía de que se respetaran los derechos humanos que

---

[24] Fernando Castro Flórez. *Arte y política en la época de la estafa global*. Sendema. Valencia 2014. Pag 79

son reconocidos a cualquier persona que viva en un país democrático. Esto se hizo a ojos de todo el mundo sin mostrar ningún arrepentimiento y siempre en defensa del interés nacional y la defensa de los ciudadanos. Estos atenazados por el miedo ante las imágenes que habían podido ver en Nueva York nada decían al respecto. Pese a que el propio presidente George W. Bush habló de su intención de cerrar este lugar en el año 2008, nunca llegó a hacerlo. Algo parecido ocurrió con el siguiente presidente Barak Obama que llegó al poder en ese mismo año. El presidente volvió a hablar del cierre en campaña electoral pero finalmente no llevó a cabo al no contar con el beneplácito de las dos cámaras de representantes.

El colectivo español El Perro presentó en una exposición celebrada en Salamanca una escultura donde se recreaba una de las fotografías que el periódico The Washington Post publicó el 21 de Mayo de 2004 sobre las torturas que algunos soldados norteamericanos estaban ejerciendo en la prisión de Abu Ghraib. Se trataba de una mujer que tira de un prisionero que lleva una cuerda atada al cuello cuya figura completamente desnuda arrastra por el suelo. En la escultura, al contrario que en la fotografía, el prisionero llevaba la cara tapada con una bolsa de basura. Curiosamente la obra llevaba por título "Democracia" que nos induce una doble reflexión. En primer lugar ese sería el nombre del colectivo que abandonaría su denominación como El Perro en el año 2006 y que actualmente todavía sigue activo. En segundo lugar si analizamos el título de la obra no guarda relación con el hecho que se está produciendo. En una democracia se garantizan los derechos de los ciudadanos, la tortura queda lejos de esta idea. Pero lo cierto es que en las fotografías que se publicaron en 2004 se pueden ver unas imágenes devastadoras para cualquier sistema de garantías. Ahora estaría bien aclarar en defensa de la democracia americana, que gracias a ella y a su sistema de libertades estas fotos pudieron ver la luz para que todo el mundo se diera cuenta de lo que estaba pasando y se corrigiera esa situación. De hecho los miembros que participaron en las torturas fueron sometidos a juicio, pasaron un tiempo en la cárcel y la prisión fue cerrada, así que cuando el sistema detectó las irregularidades trató de corregirlas. No todos los países podrán decir lo mismo cuando afrontan una situación de este tipo.

Estas fotografías enlazan con una de las obras del artista Charlie White. En este trabajo viene a decir que solemos ver al ejército como nuestros amigos, las personas que nos defienden y garantizan el sistema, pero a veces, esos amigos se transforman en monstruos y comenten todo tipo de atrocidades. Y es que cualquier guerra no es un juego sino un enfrentamiento donde se pierden vidas humana, en ocasiones como consecuencia de la propia guerra y en otras de forma violenta de un grupo contra otro. El trabajo de Charlie White se llama *The Americans: US Armed Forces*, pertenece a la serie *Everything is American* y fue realizado en el año 2005. En esa fotografía encontramos dos soldados, cada uno de ellos en una actitud diferente. Uno se encuentra en cuclillas apoyando su espalda contra una pared mientras levanta los ojos para mirar a otro soldado que se encuentra en medio de una habitación en una actitud mucho más relajada y tranquila. Indudablemente algo ha pasado en ese lugar. Algo trágico porque podemos observar en el suelo de forma difusa unos restos de sangre. Así que todo nos lleva a pensar que hay un prisionero que no ha tenido un final nada cómodo. El soldado más joven mira al veterano como si le estuviera pidiendo una explicación por lo que allí ha ocurrido. Se encuentra muy nervioso, suda abundantemente y aprieta sus manos de forma fuerte. El otro soldado con su arma colgada al pecho parece tranquilo y consciente de lo que ha sucedido, como si fuera algo normal, parece limpiarse algo en sus manos.

Esta obra de White que nos habla de los mitos contemporáneos que se ven rotos por la permanente erupción de la violencia, conecta perfectamente con la idea de las fotos de la prisión de Abu Ghraib y con la visión que tenemos de nuestras fuerzas armadas.

De todas maneras y a modo de conclusión podríamos citar las palabras de Octavio Paz que aparecen en el libro publicado por Mario Vargas Llosa dedicado al espectáculo contemporáneo. Decía Paz que en el momento actual el público es terriblemente cruel, no tiene memoria, ni remordimientos, ni conciencia. Se vive solo para la novedad sea cual sea. Se olvida pronto y pasamos sin transición de las noticias más crueles de la guerra al último concierto de Madonna[25].

Estética de lo Freak

Diane Arbus había desarrollado su carrera fotográfica en prestigiosas revistas de moda como Vogue o Squire. No es ese trabajo el que más nos interesa de ella sino aquellos retratos que va a tomar en algunos de los barrios más

[25] Mario Vargas Llosa *La civilización del espectáculo*. Alfaguara. Madrid 2012

peligrosos de Nueva York. Se trataba de obras completamente alejadas de lo que esas famosas revistas requerían de ella. Recorría estos lugares para tomar retratos de extraños personajes que llevaban una vida totalmente anónima que sale a la luz gracias a las obras de esta fotógrafa. Gigantes, travestis, enanos, homosexuales, se trata de los seres humanos más extraños que quedan fuera de los circuitos turísticos de la ciudad, pero que también forman parte de la misma. Dicen que Diane Arbus tenía influencia no solo de la que fue su maestra, la fotógrafa austriaca Lisette Model, sino del gran fotógrafo alemán Auguste Sander, una de las referencias de la fotografía para Walter Benjamin. Con su trabajo *Man of 20th Century*, Sander realiza un catálogo de las personas que vivían en Alemania durante la república de Weimar dividiéndolos en todo tipo de extrañas clases y profesiones en una filosofía muy particular. Se trata de sacar a la luz a diferentes personajes escondidos, muchos de ellos extraños para el público, pero que también tienen un papel en el escenario de la ciudad. Todos miran al espectador de forma inquisidora, quizás demandando una reacción. Se trata de personas que llaman la atención por una condición que se sale de lo normal. Las fotografías de Diane Arbus nos muestran no solo aquellos diferentes personajes ocultos que vivían en distintos lugares de la ciudad de Nueva York sino también su inspiración en la película *Freaks,* rodada en 1931 por Tod Browning. En ella podemos ver una colección de microcéfalos, enanos, siameses, barbudas que conviven en un circo y terminan montando una revolución contra los supuestos seres "normales" con una herencia cargada de desprecio de por medio. La película fue un fracaso en taquilla cuando se estrenó, pero se convirtió en un film de culto en los años 60, justo el momento en que Diane Arbus comienza a retratar la vida de estos extraños personajes que tienen rasgos en común con los descritos por Browning en su película.

Fernando Castro dice que lo monstruoso se va convirtiendo en aceptable poco a poco por el público hasta convertirse actualmente en un espectáculo que se muestra sin pudor en diferentes programas televisivos. Aquello que nos mostraba Browning en su película, anteriormente quedaba reducido al circo, como un evento único cargado de morbo por lo que es distinto, pero actualmente la exposición de ese "espectáculo" se ha trasladado a la televisión. Allí todo tipo de personajes exponen sus vidas de cara al público, muestran impunemente sus defectos y alardean de su extraño comportamiento. Se trata del triunfo de lo diferente, de lo siniestro. Mientras multitud de espectadores siguen el día a día de cada una de estas personas, formando parte activa de su vida cada vez que participan en un nuevo concurso donde exponen de nuevo cada uno de sus defectos y alguna virtud[26].

Cada semestre imparto una clase de Introducción a la Fotografía, el proyecto final de esa clase consiste en recrear de forma fotográfica un cuadro o foto famosa que forme parte del conocimiento popular. Cuando los

---

[26] "La monstruomanía conquistó el imaginario popular haciendo soportable lo terrible. Si el circo es anacrónico el espectáculo se ha trasladado a los mass media consiguiendo un efecto hipnótico semejante al contemplar una pecera. La estética Freak ha triunfado". Fernando Castro Flórez *Arte y política en la era de la estafa global*. Editorial Sendema. Madrid 2014. Pag 97

alumnos mandan el proyecto si ellos piensan que la recreación no es reconocible deben enviar el original para que todo el mundo pueda comparar. Un mínimo porcentaje suele recrear algún cuadro de grandes maestros o algunos de los fotógrafos que hemos estudiado en clase como Claude Cahun, Auguste Sander, Joseph Niepce o Walker Evans. Pero la gran mayoría suelen enviar fotografías que incluyen personajes como Kim Kardashian y otros miembros de su familia que desarrollan historias rocambolescas, Beyonce o Lady Gaga posando en diferentes actitudes también forman parte de la oferta. También alguno de los carteles de las más famosas películas (*El Silencio de los Corderos* es una de las más representadas). Escenas de películas (Star Wars, Telma y Louise, Pulp Fiction) y series de televisión, algunas completamente desconocidas en el país, que han estado o están de moda en ese momento.

De toda esta historia es muy interesante extraer el concepto que algunos de los estudiantes tienen de una obra de arte o fotografía famosa. Cuando uno de los alumnos retrata como el padre adoptivo de Kim Kardashian se muestra posando en la portada de una revista tras haber sido sometido a una operación de cambio de sexo, está reflejando la influencia que sobre él tienen los medios de comunicación o quizás solo el morbo de conocer los detalles más íntimos y las consecuencias finales de esa operación. *Call me Caitlyn* rezaba el titular de la revista Vanity Fair. El concepto de fama ha dejado de ser histórico, se ha trasladado a todo aquello que se muestra en la pantalla de televisión o cine y extiende sus tentáculos a cualquier noticia que puede aparecer en periódicos y revistas. Se va produciendo una avalancha de noticias

66

sobre cada uno de estos personajes, en ocasiones se trata de hechos reales, otras en cambio tienen un amplio tufo a estar preparadas por un experto en comunicación. Estas buenas nuevas ayudan cada poco tiempo a conseguir nuevos contratos, entrevistas, reportajes o unas simples declaraciones. La finalidad, seguir siendo foco de atención para los medios, que alimentan gustosos el frikismo en pos de mayores ventas. El cambio de sexo del padre adoptivo de la Kardashian es completamente intrascendente a nivel histórico, pero para algunas personas lo "freak" supone de por sí un evento histórico digno de ser reseñado. Es una muestra de cómo los medios de comunicación cambian nuestra percepción de la realidad anulando la capacidad para distinguir la historia del arte de aquello que forma parte del aquí y el ahora. Se trata de toda esa información que no tendrá la más mínima trascendencia temporal. Se vive el momento como si los hechos no pudieran cambiar en una semana ante una nueva noticia que pueda haber sucedido a cualquiera de estos personajes. Este tipo de estética, que Diane Arbus saca de la oscuridad con sus retratos, se expone de forma activa y masiva, calando como podemos ver en el imaginario colectivo como un gran evento digno de ser reseñado. Son las ridículas proezas de hoy en día[27]

El Gran Hermano es uno de los símbolos de nuestro tiempo, lo que comenzó como un experimento de tipo

---

[27] "Desengañémonos, las proezas son hoy en día estructuralmente ridículas, todo entra a formar parte del culto al record, poco importa que sea comiendo albóndigas, poniéndose pinzas en la cara o andando cabeza abajo. El freak apuntala la cultura del espectáculo. El monstruo es canónico". Fernando Castro Flórez. *Estética de la crueldad*. Forcola ediciones. Madrid 2019. Pag 84

sociológico (así lo vendieron por primera vez en televisión) ha terminado siendo un lugar de exposición donde se analiza cada gesto y cada palabra de los concursantes que se encierran en ese lugar. Las diferentes versiones actuales del programa tienen su referente en la película *El Show de Truman*, estrenada en 1998 y dirigida por Peter Weir. Allí no solamente se mostraba la vida de una persona durante 24 horas al día sino que se apelaba claramente a los sentimientos incluyendo diferentes giros dramáticos que solo servían para mantener al espectador delante de la pantalla. Actores de verdad convivían con una persona inocente cuyo mundo estaba hecho a su medida pero que le planteaba ciertas dudas que aún se encontraban sin resolver. En nuestros programas actuales estaría bien adivinar cuál es el porcentaje de verdad y cual el de falsedad en cada una de las tramas y giros que tienen lugar dentro de esos recintos y de los cuales los participantes son sujetos activos de acción. Lloran de forma patética cuando son expulsados, como si el juicio del público no fuera acertado, presentándose como víctimas de cualquier otro concursante o tertuliano. Se alegran y abrazan falsamente si permanecen una semana más engordando su currículo, cuyo mérito principal consiste en ser llamados para una nueva edición (quien sabe si puede ser en este caso VIP) o para hacer bolos en diferentes discotecas de ámbito nacional. Se trata de una constante estrategia del escándalo[28], al fin y al cabo como dijo Mario Perniola

---

[28] "En el reality show la gente se representa a si misma pero cuando son expulsados, lo hacen sin dignidad y ponen cara de vencidos, se llenan de gestos lastimeros y buscan con patetismo las caras que les unen a la nación. Allí solo tiene sentido la estrategia del escándalo, la bronca monumental o el polvete acelerado. Quizás representa lo que

todos somos performes[29].

Visitando un museo pude observar una obra de la que no recuerdo su autor, se trataba de una sala, el típico cubo blanco, que solo tenía colgada en una de sus paredes una televisión plana. Al entrar en la sala y acercarte al único lugar donde aparecía algún objeto podías observar tu propia imagen reflejada en la televisión mientras te movías de un lado al otro. Rápidamente girabas la cabeza buscando la cámara que se encontraba grabando esas imágenes. Encima del dintel de la puerta se veía este aparato que conectado con la tele transmitía las imágenes que se estaban desarrollando dentro de la sala. Nada en realidad muy diferente a lo que podríamos observar si acudíamos a la garita de control del museo donde el vigilante de seguridad observa en una televisión dividida cada uno de los movimientos de las personas que allí acuden. Se trata de horas y horas de grabación en cientos y cientos de lugares, imposible de poder ser visionado por cualquier ser humano porque le faltaría tiempo para poder hacerlo. Grabamos por inercia, se supone que en aras de una supuesta seguridad y control que se acepta por la mayoría de la gente. Paseamos por calles céntricas de las

es la comunicación en la postmodernidad según la cual la realidad está más en una forma de representación que en los contenidos con una hipertrofia de signos que puede llegar a lo monstruoso. Allí los concursantes son sometidos a todo tipo de pruebas sádicas y lacerantes. Lo importante es cuando la persona puede dejar de serlo para llegar a las palabras mágicas "prueba superada". Aunque todo sea un desastre es importante gozar de la situación". Fernando Castro Flórez *En el instante del peligro*. Editorial Micromegas. Murcia 2015. Pag 98-99
[29] Mario Perniola *El sex appeal de lo inorgánico*. Editorial Trama. Madrid 1998. Pag 181

ciudades donde nos avisan de la presencia de cámaras que controlan cada uno de nuestros movimientos que jamás serán visionados por nadie, a no ser, se supone, que sea estrictamente necesario. ¿Hasta dónde hemos renunciado a nuestra libertad individual en aras de una supuesta seguridad? La sociedad ha hecho concesiones para las que en muchos casos ni siquiera ha sido preguntada, sino que todo ha venido impuesto. Un pequeño cartel anunciando que nos están grabando es suficiente para que la libertad de movimientos quede restringida de modo subconsciente. La observación, incluso de forma inocente mientras se toma una fotografía o se graba un pequeño vídeo, hace muy complicado escapar de cualquier cámara en la actualidad.

V de Vendetta (estrenada en 2006 y dirigida por James McTeigue) es una película que trata sobre el control de la sociedad a través del miedo y que nos hace reflexionar sobre los límites de la libertad individual. La amenaza del fin del mundo, venga disfrazada de la forma que sea, está presente cada día entre nosotros. En la Edad Media, sobre todo después del año 1000 es muy común encontrar en multitud de tímpanos románicos y góticos una representación del Juicio Final. La segunda venida ayuda a la gente a estar alerta ante el fiasco que supone que el cambio de milenio no supuso la finalización del mundo tal como se conocía. Estar alerta, con los cinco sentidos puestos ayuda al control de la población a través del miedo. En la actualidad el Juicio Final ya no funciona como reclamo y las personas que controlan los resortes del poder inventan nuevos trucos para establecer ese control. Desde los ordenadores que pueden colapsar en el nuevo cambio de milenio a la posibilidad de destrucción masiva debido al arsenal de armas nucleares, capaces de acabar no solo nuestro planeta sino cada uno de los que forman parte del sistema solar. La catástrofe, sea del tipo que sea, es un síntoma temporal que está presente en cada mente de nuestra sociedad. Ello nos hace recurrir a noticias de forma constante para así comprobar que podemos seguir como hasta ahora ya que todavía ese anunciado final no se ha producido (de momento). *Los juegos del hambre* (2012 Gary Ross) plantea una situación similar. En una sociedad totalmente controlada por el estado que, inspirada en el manga de Battle Royale, debe entregar uno de sus hijos por distrito para que se enfrenten en una batalla mortal donde solo puede quedar uno. Todo transmitido por televisión de manera que se convierte en un espectáculo y al mismo tiempo en una competición entre los distritos más pobres y los más ricos. La manipulación de la información, la apelación a los sentimientos hace que la verdad o mentira no sea importante, sino solamente aquello que toca la fibra sensible del espectador, interesado por conocer la vida y avatares de cada uno de los personajes que van a morir de forma épica en este Fortnite contemporáneo.

La distopía nos plantea situaciones que cambian nuestra percepción de aquello que consideramos como normal. Algunas series de moda tratan este tema para presentar mundos alternativos donde algunas situaciones se han visto alteradas. Toda esa situación no solo aumenta el miedo sino que causa un gran desasosiego en el espectador que observa como los avances sociales conseguidos, se ven truncados por la inesperada aparición de un régimen basado en el control de la población. Una de las series más conocidas (y de más éxito) es *El Cuento de la Criada* (2017), basada en un libro publicado en 1985, donde algunas mujeres que mantienen su capacidad reproductora son utilizadas como esclavas sexuales de una familia con la idea de concebir hijos que ni siquiera van a poder criar. La religión en este caso se muestra como un justificante válido de un sistema donde el papel de la mujer queda reducido al que tenía siglos atrás, mientras un grupo de ellas son violadas de forma sistemática sin ni siquiera preguntar si están de acuerdo con ello. Miedo y control aparecen de nuevo unidos en torno a un ideal común. La serie *Counterpart* (2018) nos cuenta como tras un error informático en Alemania de Este se abre una puerta que da acceso a un mundo paralelo donde las mismas personas y ciudades existen en ambos lugares. Los principales personajes cruzan de un lugar a otro para realizar todo tipo de acciones. La diferencia entre iguales que viven en cada mundo, su carácter, forma de actuar o preparación hace que cada parte se vaya separando mientras un equilibrio efímero torna en violentas cada una de las situaciones en las que se ven envueltas cada personaje y el papel que juegan en ambos lugares.

En un pequeño libro escrito por Fernando Castro Flórez se incluyen algunos textos y entrevistas que el filósofo Slavoj Zizek realizó en España hace un par de años. Se trata de los tres días en los que el pensador estuvo en España y se describe algunos de los eventos en los que llegó a participar sobre los cuáles el autor del libro realiza diferentes anotaciones. En concreto se incluye una charla que había impartido en el Círculo de Bellas Artes y un encuentro con periodistas en el Museo Reina Sofía. A Zizek le gusta comparar algunos temas menos o más polémicos con iconos pop que tienen que ver con la música o la televisión, no digamos la política, donde el nivel de frikismo llega en ocasiones a extremos insospechados[30]. En una de sus intervenciones aludía al primer capítulo de la temporada tercera de la serie Black Mirror, que emite la cadena de pago Netflix[31]. En este capítulo se plantea una situación distópica donde la humanidad recibe puntos por cada acción que realiza. Postea una foto, la gente le califica. Coincide con alguien en el ascensor, ocurre lo mismo. Llama un taxi, ambos se califican mutuamente. De acuerdo con la media de puntos que tienes, sobre un máximo de cinco, puedes acceder a ciertos productos o quedarte sin ellos. Por ejemplo, la protagonista quiere comprar una casa, pero para poder comprarla, incluso para acceder a unas mejores condiciones de crédito, necesita tener diez décimas más en una puntación que se encuentra por encima del cuatro. Para conseguirlo la impostura se apodera de cada uno de los seres humanos, se convierten en algo que realmente no son, con la única finalidad de obtener las buenas puntuaciones que le dan acceso a sus

---

[30] Durante la visita del presidente chino Xi Jinping a España que tuvo lugar en noviembre de 2018 se invitó a un personaje que se disfraza de Winnie de Pooh en la Puerta del Sol, cuya función es entretener a los turistas que visitan el lugar, a apartarse del lugar por el que iba a pasar la comitiva con el presidente. El popular dibujo animado está prohibido en China al aparecer diferentes bromas en internet que comparaban al mandatario con el dibujo. Todo comenzó tras una visita del dirigente oriental a Estados Unidos en el año 2013 en el que se hicieron bromas sobre el tema con una foto en la que aparecía junto a Barak Obama. El personaje disfrazado hizo caso a la policía y se apartó del lugar por unos 30 minutos, más o menos lo que tardó en pasar el cortejo. Otras personas disfrazadas que también estaban en el lugar como los que llevaban trajes y máscaras de la familia Simpson pudieron seguir desarrollando su labor sin ningún problema.

[31] Fernando Castro Flórez *And so on and so on [Tres días en las redes de Zizek]*. Cendeac. Murcia 2019. Pag 41

objetivos. Alquilar un buen coche, viajar en avión o ser invitado a una boda, depende de la puntuación que cada persona con la que te cruzas puede ver en su teléfono móvil. Una situación cruel e incluso peligrosa, porque parece difícil distinguir la realidad de la ficción, en lo que parece una patraña y un postureo continuo. Esta situación no deja de ser algo distópico, que quizás nos hace plantearnos cómo sería un mundo donde cada uno de nosotros dependiera de algo así.

Pues aunque no lo parezca lo tenemos entre nosotros. Hace poco tiempo vi una noticia de un hombre en china que fue a comprar unos pañales para su hijo. Al ir a pagar lo hizo con el teléfono móvil y como había comprado pañales de forma regular y en una cantidad adecuada, la máquina le calificaba como "buen ciudadano". Eso quiere decir que estaba actuando de forma correcta como padre con respecto a su hijo o tal vez era calificado así según los patrones indicados por un ordenador para ofrecer tal veredicto. Esta situación se produce en China desde hace algún tiempo. El gobierno (dictadura comunista no se olvide con un patrón de comportamiento económico que podría calificarse de capitalismo salvaje) posee un sistema que califica las diferentes operaciones llevadas a cabo por los ciudadanos. Hablamos de créditos, finanzas, términos y situaciones legales, obligaciones sociales (pago de impuestos, multas) compras de consumo, participación política. De manera que se crea una puntuación que se encarga de decir si se puede confiar socialmente en esa persona o por el contrario si es una persona no confiable. Para aplicarlo a las compras algunos de los gigantes chinos de internet se han sumado al proyecto, de manera que existe un control de cada paso que un ciudadano realiza en la red. No digamos respecto a los buscadores y redes sociales que son diferentes a los que usamos habitualmente y de esa manera están abiertamente controlados por el gobierno (insistimos en que es una dictadura que conoce al dedillo lo que hacen y piensan cada uno de sus ciudadanos). Sin tapujos se informa que los que tengan mayores puntuaciones tendrán beneficios a la hora de realizar ciertas acciones, por ejemplo saltándose las colas de algún negocio, preferencia a la hora de alquilar coches o bicicletas. Un ciudadano puede incluso mostrar su puntuación en redes sociales para que todo el mundo vea que es una persona en la que se puede confiar. Al mismo tiempo existen sanciones para las personas que no lleguen a la puntuación deseada, algunas de ellas son muy parecidas a las descritas en el capítulo de Black Mirror.

Esta situación que acabamos de describir es real, no se trata de una distopía. Está pasando y seguro que nos afecta. No debemos olvidar que China es una potencia económica mundial con un potencial descomunal por su número de habitantes y una creciente capacidad de consumo. Quizás sea capaz de sustituir a Estados Unidos como primera potencia en poco tiempo. Lo aterrador es su sistema político, carente de libertad de expresión y garantías democráticas que contemplen los derechos humanos. Si criticas al régimen puedes ser sancionado y recibir menos puntos. Ya no serás un buen ciudadano. Se trata de una nueva manera de censura. El peligro de contagio está más cerca de lo que pensamos. Los dirigentes tienden a tener como referencia a la potencia que es capaz de dominar el mundo e imitarla, es una constante a lo largo de la historia.

Quizás podríamos llegar a pensar que estamos

protegidos en nuestros países democráticos donde existe libertad (por lo menos hemos llegado al convencimiento de que disfrutamos de ella) y una serie de garantías y equilibrios de poder que protegen nuestros derechos. Pero deberíamos plantearnos si la información de la que disponen diferentes empresas está siendo utilizada para calificar a los usuarios como buenos o malos ciudadanos. La multinacional Google tiene valiosa información de lo que busca cada usuario, donde se encuentra, cuáles son sus aficiones y sus perversiones. Facebook controla todas nuestras conversaciones. Conoce todo aquello que nos gusta gracias a nuestros likes, post o bien las charlas formales o informales que se vierten de forma continua en herramientas como Messenger o Whatsapp. Ambas compañías se vieron envueltas en diferentes escándalos por haber facilitado al gobierno de Estados Unidos información o datos de distintos usuarios, hablamos del año 2013. Todo quedó en nada. Pero deberíamos pensar que otras compañías también poseen valiosos datos sobre los hábitos de sus usuarios. Amazon controla gran parte de las compras que se realizan en el mercado virtual, Apple tiene control sobre un gran porcentaje de teléfonos móviles que se usan en la actualidad con gran variedad de opciones y herramientas propias. Microsoft domina el mercado del sistema operativo en la mayoría de los ordenadores. Todas estas compañías insisten en que la información es estrictamente confidencial y algunas de ellas dicen que estamos protegidos porque nuestros diálogos llevan incluido un cifrado de extremo a extremo, también hablan de privacidad en sus presentaciones y le dedican a este aspecto un número considerable de minutos como si fuera lo más importante para la compañía. Pero estaría bien poner en duda cada una de estas afirmaciones y llegar a pensar que, sin ser China, ni ser una dictadura, sino un régimen de libertades, el estado ejerce elementos de control sobre los ciudadanos. Los califica y sabe perfectamente si pueden ser fiables o causar problemas. Como podemos comprobar realidad y ficción se dan la mano.

Estas situaciones dispóticas que aparecen en películas y series tienen algo de estética Freak en cada uno de los personajes que retratan. Tratan sobre la existencia de mundos paralelos, ajenos al nuestro, pero protagonizadas por seres humanos como nosotros que son sometidos a todo tipo de pruebas. Los ejemplos que se describen causan una gran distorsión en la percepción que tenemos de la realidad. Se trata de un concepto de lo siniestro similar al que se refería Sigmund Freud cuando hablaba de un objeto cotidiano que había ido tornando extraño de cara a los que lo veían de forma constante. Un objeto familiar que poco a poco se fue transformando en chocante. Lo cual podríamos extender a una actitud o forma de comportamiento.

El tertuliano fanático

En cualquiera de los medios de comunicación encontramos tertulianos, los escuchamos en la radio o los vemos en televisión sentados sin escuchar mientras consultan los teléfonos móviles para contrastar datos o recibir información. Muchos de ellos se dedican a temas de política o actualidad aunque en los últimos años hemos visto un aumento de los que se han especializado en los llamados temas del corazón, que consiste básicamente en hablar de la vida de los demás aunque no se conozca nada ella, indagando en aquello que es privado para considerar como extraño lo que para cada persona resulta cotidiano. Los debates de todo tipo que se organizan la mayoría de las ocasiones terminan en grandes voces. Allí es imposible escuchar porque subiendo cada vez más el tono, dos o más personas defienden posturas antagónicas sin escuchar, como si en ello les fuera la vida. Contribuyen a un espectáculo que libera al espectador de aquello que no puede hacer. El enfrentamiento causa dolor en muchos individuos y por evitar un problema no se atreven a plantar cara, pero si son otros los que lo hacen no importa porque no se ven involucrados y aumenta la tensión al mismo tiempo que proporciona un curioso entretenimiento. Se trata de un juego de dominación que pueden observar como espectadores.

Muchos de los tertulianos que aparecen en este tipo de programas provienen de la prensa escrita, trabajan como periodistas, pero sorprende su capacidad de conocimiento sobre diferentes temas. Francis Picabia escribió en 1929 que le horrorizaba "la gente que hablaba de lo bello, que hablaba del bien, del genio o la felicidad, la gente que habla de todo, la gente que habla…"[32]. Ser tertuliano significa estar preparado para hablar de cualquier tema sea el que sea y provenga de cualquier ámbito, desde el último movimiento extraño que ha sucedido en el Congreso de Diputados a la llegada del ébola por el contagio sufrido por una enfermera que prestaba servicios sociales en países africanos. Hay que expresar opinión sobre cualquier cosa.

---

[32] Fernando Castro Flórez *Estética de la crueldad*. Forcola ediciones. 2019. Pag 71

Cuando lo más lógico sería que fuera un especialista el que hablara sobre el tema del que tiene conocimiento, nos encontramos a un periodista dando lecciones sobre aspectos que acaba de ampliar a través de la Wikipedia.

Durante los años 80 hubo un momento, sobre todo en España, en el que la televisión trataba de educar a sus espectadores. Acabábamos de salir de la dictadura y eran tiempos de apertura y descubrimiento de aspectos que habían permanecido ocultos o no habían salido a la luz pública. Existían programas de divulgación que aportaban información con intención de ampliar el bagaje cultural a un público con capacidad de decidir y separar lo que gustaba o lo que detestaba. Un público dispuesto a aprender y ampliar conocimientos en todos los ámbitos. En ese momento los debates que existían estaban plagados de intelectuales, eran especialistas en el tema que se trataba, la gente hablaba con respeto, escuchaban unos a otros sin interrumpirse ni gritarse. Cada uno aportaba sobre sus campos de saber en un momento realmente enriquecedor para el espectador.

En los dos últimos años el artista Santiago Sierra ha presentado un par de obras muy polémicas en la feria de ARCO que se celebra en Madrid. La primera de ellas mostraba imágenes con parte de la cara pixelada de algunas de las personas que habían participado en de declaración catalana de independencia que tuvo lugar en 2017 y que finalmente quedó en nada porque no se llevó a cabo. La obra se llamaba "Presos Políticos" y aludía a los dirigentes que se encontraban en prisión preventiva como consecuencia de este levantamiento contra el estado de derecho. La segunda de las obras era una imagen a mayor tamaño del natural del actual rey de España Felipe VI, que se vendía por la cantidad de 200.000 euros (finalmente no fue comprado por nadie en la feria) con la condición de que la imagen, cual ninot de las fallas de Valencia, debería ser quemado en el plazo de un año.

Con cualquiera de estas obras y otras polémicas protagonizadas por Eugenio Merino en anteriores ediciones de la feria, todavía no he sido capaz de ver en televisión o escuchar en la radio a un especialista en arte contemporáneo o un crítico de arte que haya explicado las razones o motivaciones del artista para representar una obra de este tipo. Cuando se ha informado acerca de las obras se ha hecho siempre de forma escandalosa, aludiendo al revuelo provocado (la primera de las obras fue retirada de la feria y se llegó a hablar de censura) y dejando que esos periodistas que hablan y saben de todo comenten dentro de su gran desconocimiento lo que les parece una obra de este tipo. Ninguno de ellos aludió a Marcel Duchamp en sus explicaciones, algo que escribo con toda la ironía del mundo.

Walter Benjamin decía que el tiempo de la crítica había pasado y que esta profesión se encontraba en franca "decadencia"[33]. La crítica debería situar en el contexto

---

[33] "Solo los tontos se lamentan aún de la decadencia de la crítica. El momento de esta hace ya mucho que pasó. La crítica consiste en adoptar una distancia adecuada y, por lo tanto, se corresponde con un mundo concebido en términos de perspectiva y de proyección en el que era posible adoptar un punto de vista. Ahora, sin embargo, la sociedad se ve presionada por las cosas desde demasiado cerca". Cita de Walter Bejamin que aparece en el libro de Alberto Santamaría *Situacionismo Low Cost y otras escenas del arte en el cambio de siglo*. Siglo XXI de España editores. Madrid 2019. Pag 9

social la obra de arte que el artista presenta. Decir si realmente el trabajo conecta con los movimientos artísticos actuales y toca de lleno el devenir que la sociedad está adoptando. Podríamos discutir si la crítica de arte cumple realmente con su función o se pliega e integra dentro del sistema del arte por sus propios intereses, pero siempre será mejor escuchar su opinión sobre un trabajo de este tipo (aunque sea una simple justificación que no ofenda al galerista que lo representa) que la que pueda tener el director de un periódico de tirada nacional que, se supone, ha estado entregado al periodismo gran parte de su vida.

Los debates actuales han sido sustituidos por mero espectáculo, donde la bronca es el hilo conductor. El que más voces es capaz de dar tiene mucho que ganar tanto en el debate como en la contratación de la cadena. Cuanto más polémico, más apariciones puede llegar a tener. Uno de los programas en este formato de mayor audiencia llamado La Sexta Noche invitó a un economista llamado Juan Torres que acababa de publicar un libro titulado *Economía para no dejarse engañar por los economistas* que apareció en librerías en el año 2017. El personaje es catedrático de economía de la Universidad de Sevilla y cuenta con multitud de libros sobre su materia docente desde el año 2000 hasta la actualidad. Cuando se encontraba respondiendo algunas preguntas de personas que habían sido entrevistadas a pie de calle, uno de los tertulianos, Eduardo Inda, le ha recriminado que participara en el desarrollo del programa económico de la formación política Podemos, insistiendo abundantemente en el tema de forma despectiva. El profesor decidió marcharse del programa ante el acoso y los reproches que estaba sufriendo por parte de este tertuliano. Dijo que era un académico y que no tenía por qué soportar todo eso. Y se fue. Desde entonces este profesor, con el cual podemos coincidir o no en sus planteamientos más o menos acertados desde el punto de vista económico, nunca ha vuelto a participar en el programa. Por su parte el tertuliano de turno cada semana sigue en su puesto con la misma actitud desafiante en cada una de sus intervenciones. ¿Cultura o espectáculo? Claramente para la cuenta de resultados de la empresa que emite el programa es mucho más importante la segunda opción. Delirio de la repetición del argumento de forma obsesiva que consigue callar al que tiene algo que exponer.

Erich Fromm decía que el fanático es una persona excesivamente narcisista, alguien que se encuentra próximo a la psicosis depresiva, se trata de una persona desconectada por completo del mundo exterior. Este fanático, continúa Fromm, ha elegido una causa, da igual cuál sea, política, religiosa, deportiva, musical y vive solo para endiosarla, ha sometido su causa al ídolo y sometiéndose a él encuentra sentido a su vida[34]. Esta definición se adapta como anillo al dedo a muchas de las situaciones que vivimos en la actualidad. A nivel deportivo da impresión de que muchas personas han convertido su forma de vida en el rechazo a los demás y el ensalzamiento de lo suyo. Son capaces de ver aquello que no es visible, tergiversando la información real para demostrar el más nimio de los detalles con tal de que su obsesión salga beneficiada. Mienten en su defensa del grupo y justifican cualquier situación que pueda perjudicar a cualquiera de los integrantes. Gritan y corean lemas sin sentido

---

[34] Erich Fromm *La condición humana actual*. Paidos. Madrid 2009.

engullidos por los gritos de una masa que convierte las frases en himnos que suponen un insulto a la inteligencia. Una de las más conocidas es: "Pepito vete ya, Pepito vete ya, Pepito vete ya", trilogía que se adapta a la melodía de una canción para insuflar la idea que se quiere transmitir, como puede apreciarse, de una gran profundidad discursiva. Si en soledad reflexionan sobre ello solo podrán caer como resultado en una profunda depresión. Declaran amor eterno a unos colores, que en su versión más nacionalista, excluye a cualquier otro, para convertirse en un racismo cuyo grupo tiene la supremacía sobre los demás. La expansión de sus ideales y captación de nuevos adeptos, en un proselitismo típico de una secta, será otra de sus labores. Se trata de una polarización que se extiende a todos los aspectos de la vida. Puedes estar conmigo o contra mí. Aceptas mis creencias o tu religión no podrá ser válida y además está llena de carencias. Entrevistados gritan (es posible que la euforia provocada por el alcohol aumente el volumen de la voz hasta extremos insospechados) en voz altísima resultados imposibles o improbables demostrando una fe que la iglesia perdió hace mucho tiempo. Coinciden con la iglesia en que muchas de sus premoniciones no se cumplen, pero aun así continúan fieles a sus creencias. Se ha sustituido la asistencia a los oficios religiosos por una nueva religión que implica la adoración a unos colores o jugadores que cambian de destino en función de los intereses económicos de unos cuantos personajes. El fanático no tiene límite, es capaz de perderlo todo por defender su idea. Obvia las relaciones porque no le interesan obsesionado por una sensación de pertenencia que excluye en vez de incluir. Acompaña, sigue, gasta en función de los movimientos de sus ídolos y no es capaz de mantener una conversación coherente, no ya sobre las teorías de Adorno respecto al ser humano, sino sobre cualquier cosa que no esté relacionada con aquello que le obsesiona.

El arte no ha sido ajeno a la representación del ídolo, utilizando como modelos algunos de estos personajes. Por ejemplo San Taylor Wood representó en un vídeo la figura de David Beckam durante sus horas de sueño. Podíamos ver como el famoso futbolista e icono publicitario dormía plácidamente y cambiaba de posición durante 67 minutos de siesta. Una escena que recordaba otras religiosas de representaciones anteriores donde el tema del sueño de Jacob estaba presente. Algo parecido hizo Douglas Gordon haciendo pareja con el argelino Philippe Parreno. Presentaron en una gran coproducción donde participaban diferentes centros de arte, un vídeo dedicado a Zinedine Zidane y titulado *A 21th Century Portrait*, un documental de 1 hora y media de duración donde se hace un seguimiento al conocido campeón del mundo y jugador del Real Madrid durante un enfrentamiento contra el equipo valenciano de Villarreal. Se trata de 17 cámaras de alta definición que seguían cualquiera de los movimientos del ídolo blanco.

Se trata de una u otra manera de simples distracciones que ayudan a ejercer el control sobre la gente. El fanático está entretenido y centrado en defender con toda su fuerza una postura que tiende a lo radical. El estado y el poder solo alimentan esta postura sabedores de que mientras están ocupados en esto no lo hacen en otra cosa que pueda plantear un peligro para sus aspiraciones. Igual sucede con aspectos que se encuentran fuera del sistema del arte como el grafiti al que muchos ayuntamientos se han apuntado en la actualidad. Mientras tengamos a un grupo de chavales ocupados pintando las paredes que nosotros les facilitamos, no estarán aburridos, jugando con las drogas o delinquiendo en las calles. Además mientras participan se les otorga el título de artistas, algo que no se encuentra al alcance de cualquier persona, sino solo de aquellas que tienen la capacidad de crear.

Al mismo tiempo se crean para el fanático pequeñas necesidades que satisfacen alguno de los instintos más primarios (nuevas camisetas que han variado de un color más rojo a uno inferior en el pantone o bien el poster del concierto que se ha dado en una ciudad concreta y que en esta ocasión incluye la firma del cantante pero solo si has sido capaz de hacer una cola de cinco horas para poder entrar entre los 200 primeros a la tienda que los vende) ralentizando las novedades para que se incremente el consumo. No se trata de cubrir las necesidades fundamentales ni garantizar los derechos más básicos de cada individuo sino cubrir lo mínimo a través de la compra de productos para no plantear actitudes que podrían llevar al cuestionamiento del sistema. No cabe duda que el que sigue en su gira europea todos los conciertos de ACDC no está pensando en las necesidades que tienen las personas mayores de 50 años que, desempleados, son incapaces de encontrar un trabajo porque un injusto mercado laboral les rechaza una y otra vez no por su falta de experiencia sino simplemente porque se les considera como mayores. Al tiempo que consumimos también contemplamos, pueden ser imágenes fijas o en movimiento, en directo o en una pantalla de televisión. Llenar el día con imágenes, estar entretenido viendo como el tiempo pasa. Tiempo no dedicado a los problemas sociales cuyo espacio recuerda el vacío de un pozo seco y en desuso[35].

El tertuliano televisivo actúa de la misma manera, defiende una postura completamente polarizada, donde aquellos que no estén de acuerdo, quedan excluidos por completo y son rechazados con vehemencia, como si fueran apestados que deben ser separados del grupo que él representa. Sabedores de su influencia, adquieren un rol del que es imposible desprenderse porque decepcionarían por completo a su público. Esta idea del rol es aplicable a cualquier fanático, pocas veces será capaz de decepcionar a su círculo de confianza. La negación de la idea supone un escarnio al que el fanático no está dispuesto a enfrentarse. El miedo a la crítica o al rechazo provoca el envilecimiento de la personalidad, reafirmado con todo tipo de merchandising alusivo a su propia creencia.

Un expresión religiosa del fanatismo se encuentra en el terrorismo que acaba no solo con la vida del autor sino con la de todos aquellos inocentes que se encuentran a su alrededor. Superada la segunda guerra mundial se llegó a un consenso en el cual la pérdida de vidas de la población civil no podía consentirse. Se trataba de personas completamente inocentes y ajenas a las decisiones tomadas por los dirigentes de sus países que no debían afectarles, siendo los ejércitos (profesionales de la guerra) los que debían enfrentarse entre ellos, obteniendo un número de pérdidas mucho menor que lo que supone una matanza indiscriminada. Pero el fanatismo religioso ha llevado a un

---

[35] Para ampliar estas ideas derivadas de las teorías situacionistas se puede consultar el libro escrito por Mario Perniola *Los situacionistas.* 1972

cambio en los esquemas descritos que parecían preestablecidos. El terrorista ha vuelto a poner en vigor la matanza de personas inocentes ajenas por completo a las decisiones de sus dirigentes. La vida es el valor más preciado del ser humano y debe defenderse por encima de todo. Se trata de salvar a toda costa a veces gastando cantidades ingentes de dinero para ello, pero es bien empleado si se logra el objetivo. El suicidio cambia todos los esquemas porque se trata de personas que no valoran su vida o que erróneamente piensan que su vida está al servicio de una causa superior. Para llevar a cabo el suicidio el fanático debe ser acompañado por personas inocentes, no se trata de una acción en soledad. Una de las cosas importantes que tienen las sociedades occidentales es que han sido capaces de superar el hecho religioso para poder avanzar. La libertad ha dado la opción de que la religión quede relegada a un puesto secundario en los intereses vitales de las personas. Superar la religión, sus encorsetadas e injustas normas, ha servido para observar avances que no hubieran sido imaginados hace un par de siglos. En una sociedad de este tipo el fanatismo terrorista, bien sea ideológico o religioso y "con finalidad de muerte es excesivamente extraño de comprender"[36]. El suicidio como protagonista elevado a los altares gracias a los medios de comunicación. Un efecto llamada que anima a continuar una senda que jamás debió abrirse. Denigrar el bien más preciado del ser humano, romper con este acuerdo y castigar al resto quiebra el consenso y fino equilibrio de la sociedad occidental.

---

[36] Franco Berardi *Deseo y simulación*. Revista Archipielago n° 79 Pag 72-84

Fanatismo en sus diferentes variantes como método de entretenimiento. Referencia del extremismo y la catástrofe habitual de los medios de comunicación a los que alimenta. Ranciere apuntaba que "ya todo el mundo está dentro del espectáculo, no hay razón para que nadie salga de él jamás, tampoco aquel que conoce la razón el espectáculo"[37].

El estatus del miedo

¿Cómo nos enfrentamos a las noticias en los medios de comunicación? ¿Lo hacemos con miedo por saber lo que ha ocurrido o realmente los eventos ocurridos no nos afectan? Escuchando las noticias en una desconexión regional de una de las más famosas radios españolas informaron sobre un apuñalamiento que había derivado en la muerte de la persona que recibió varias heridas mortales, un caso de violencia doméstica que había terminado con la muerte de la mujer y el intento de suicidio fallido del hombre que lo había perpetrado y que ahora se encontraba detenido. También se podía escuchar el caso de una desaparición cuya persona había sido encontrada en otro lugar de la geografía hispana donde se vislumbraba un problema de convivencia familiar grave. Había habido un robo con intimidación en una tienda que había terminado con la detención de los agresores que habían sido puestos en libertad poco después al ser la cantidad sustraída inferior a 200 euros. Durante 10 minutos todas las noticias fueron exactamente iguales salpicadas con unos toques deportivos que estuvieron caracterizados por el pesimismo de cara a los próximos enfrentamientos. ¿Cómo recibimos

[37] Fernando Castro Flórez *Estética de la crueldad*. Fórcola ediciones. Madrid 2019. Pag 204

estas noticias? Lo que acabamos de narrar fue entre las 8.20 y 8.30 de la mañana, poco tiempo antes de abandonar la casa para acudir al trabajo. Se trata de la dosis diaria de realidad para un mundo sin esperanza. Pero cada día las campanas doblan por otros mientras la rutina y los problemas se repiten en el puesto de trabajo. Olvidamos cada nombre, cada escena, cada hecho, sustituido al día siguiente por una nueva letanía de desgracias que vuelven a narcotizarnos antes de, a toda prisa, salir de casa camino del trabajo.

El video artista Shoja Azari en su serie Windows presentó un vídeo titulado *Una habitación con vistas* donde se veía a un matrimonio que juntos en el salón de la casa se encontraban viendo una película que ya habían visto en el pasado y recordaban comentando entre ellos alguna de sus mejores escenas. Detrás de la pareja se podía ver una ventana de manera que la televisión que ellos estaban viendo actuaba como cámara para el espectador. Mientras ellos se encontraban viendo el film una chica aparece corriendo tras la ventana cuando un grupo de jóvenes que estaban por allí le hacen parar, comienzan a increparla y forzándola la violan junto a unos árboles. El matrimonio continua viendo la película y comentando anécdotas sobre ella, sin darse cuenta de lo que está sucediendo en la zona cercana a su domicilio. La chica violada se levanta, desconcertada, desorientada, pero nadie ha visto lo sucedido ni está allí para poder ayudarle. El matrimonio ríe con alguna de las escenas. Quizás esta descripción sea un perfecto reflejo del comportamiento de la sociedad. Se ven imágenes pero no se aprecian hechos. Guy Debord decía que el espectáculo no es solo una colección de imágenes sino "una relación social entre personas mediatizadas por las imágenes"[38]. Y siguiendo al pensador francés estamos de acuerdo en que cuanto más se contempla menos se vive.

Vivir acomodado en el día a día nos hace dar la espalda a cada situación trágica como las que acabamos de describir. Quizás son un elemento más de la rutina diaria. El pan de cada día. Lo extraño sería no comprar cada día esta mercancía. Lo siniestro, como elemento transformador de la realidad cotidiana, sería no tener acceso a este tipo de noticias durante un periodo de tiempo largo. Quizás todas estas noticias quieren provocar que la gente esté alerta, despierta ante cualquier situación extraña que pueda pasar. El siguiente puedes ser tú. Cuando se recibe una noticia que afecta directamente a cada uno de nosotros realmente se rompen nuestros esquemas. La pregunta es cómo ese hecho va a dar un giro a nuestra vida, cuáles son los cambios que se deben hacer y cómo se va a volver a establecer una rutina tras esa nueva demoledora. Pero hablamos de noticias que nos hacen partícipes directos, la muerte de un familiar cercano por ejemplo. El resto de las noticias no nos afectan, no traspasan nuestro círculo de confianza y forman parte de un día a día del cual estamos exentos porque ese tipo de sucesos ocurren a otras personas. Ninguna de ellas va a hacer que se pierda la situación de acomodo donde estas asentado.

Vivimos en una sociedad donde la mayoría de la gente pertenece a la clase media. Aquellas personas que no tienen nada o muy poco que perder no tienen miedo. Arriesgan sus vidas por conseguir algo mejor porque en

---

[38] Greil Marcus *Rastros de Carmín. Una historia secreta del siglo XX.* Anagrama. Barcelona 2019. Pag 119

caso contrario no merece la pena seguir así. Todos los inmigrantes que se la juegan intentando cruzar el mediterráneo para llegar a Europa son un buen ejemplo de ello. También aquellos que se manifiestan en países cuyas garantías democráticas dejan mucho que desear. No tienen nada que perder. Pero los países desarrollados han extendido la idea de que la gran mayoría de la gente es clase media. Existen diferentes estratos, más altos o más bajos, pero las personas dentro de este grupo tienen unas necesidades básicas satisfechas e incluso su estatus les permite realizar un consumo para tener algún capricho de vez en cuando. El miedo no es a pasar hambre o a la presión de los dirigentes políticos que imponen sus ideas sin un control efectivo en la separación de poderes, sino a perder el estatus que han construido. Esa mala noticia puede llegar en forma de pérdida de empleo o de falta de reconocimiento de acuerdo con la formación recibida, una falta de "reconocimiento del rango social"[39]. Pero mientras las necesidades básicas estén cubiertas o exista un sistema de cobertura social que pueda proveer esas necesidades, el miedo se reduce al tiempo que se elevan las demandas de seguridad que permitan mantener las propiedades adquiridas. En eso consiste básicamente la libertad. Tener la seguridad de que lo que adquieres o construyes con tu esfuerzo es tuyo o de tus herederos.

El miedo ha estado presente en la historia del arte. Ha sido utilizado como elemento de control de la población para que nadie cuestionara las decisiones del sistema feudal. Algunas personas se planteaban poco después de la

---

[39] Heinz Bude. La sociedad del miedo. Herder editorial. Madrid 2017. Pag 68

presencia de Jesucristo por qué no llegaba el reino que el enviado había anunciado con vehemencia a lo largo de la predicación. Si la llegada era inminente debería haber sucedido todavía en vida de alguno de sus apóstoles. Pero el reino no llegaba y la única manera de continuar con la espera era estar preparados porque en cualquier momento podría hacerse realidad. Uno de los temas que unen los tímpanos de muchas de las iglesias y catedrales que encontramos en el camino de Santiago, es la representación de Jesucristo como "maiestas domini". Se trata del juicio final o la segunda venida de Jesucristo, descrita en el apocalipsis de Juan y representada en todo detalle en muchos de los pórticos de estos edificios. Había pasado mucho tiempo desde la inminente llegada del reino anunciado, se había superado el año mil, donde el miedo al milenarismo había hecho quedar en ridículo a todos los que de nuevo anunciaron la llegada como inminente. La única manera de seguir ejerciendo el control era permanecer en la espera, preparados para un momento que podía llegar cuando menos lo esperas. Las posiciones de Cristo, demostrando su fuerza, bendiciendo y amenazando al mismo tiempo, enseñando sus heridas para demostrar que llega, acompañado de todo un boato de ángeles portadores de símbolos de la pasión y trompetas, solo avisan de una inminencia que crea angustia.

Durante el siglo XX la apelación religiosa va cambiando de paradigma y el ser humano descubre que es capaz de exterminar por si solo y convertir cualquier ciudad en un auténtico juicio final con la fuerza de las armas. El número de muertos provocado por las diferentes guerras a lo largo del siglo pasado es superior a toda la historia de la humanidad. El miedo ya no es al juicio final sino a que la bomba caiga junto a nosotros y reviente en pedazos nuestro cuerpo. Algunos artistas han sido capaces de representar esta angustia con obras cuyo expresionismo sorprende por su fuerza y conecta por ello con el espectador. Los gritos de dolor de cada uno de los personajes que aparecen en el *Guernica* (1937) de Pablo Picasso, claman por aquello que estaba sucediendo en España durante la guerra civil, donde murió el 5% de la población del país. La obra *Mujer Llorando* (1937) también de Pablo Picasso es capaz de crear una gran angustia. Representa a una mujer que se lleva una de sus manos a la boca en la que podemos ver sus dientes inferiores y superiores en un gesto de rabia contenida que acompaña con numerosas lágrimas dispuestas junto a los ojos de una manera cubista. El miedo llega en forma de impotencia ante la maquinaria pesada que arrasa con todo. La tensión llega como una bomba cuyo poder destructivo acaba con cientos de miles de vidas en un solo segundo. Ese es el verdadero juicio final. En el año 1973 el fotógrafo Nick Ut ganó el premio Pulitzer por una fotografía titulada "*The terror of war*". Había salido para fotografiar el bombardeo de las naves sobre diferentes objetivos en Vietnam del sur. Pero se encontró una nube provocada por las bombas y el napalm que había hecho que un grupo de niños que se refugiaban en un templo salieran corriendo huyendo del horror. Entre ellos una niña completamente desnuda y con el cuerpo quemado que quedó representada junto a otros que lloraban o gritaban solos huyendo de ese lugar lo más rápido posible. Los rostros que aparecen en esa fotografía tomada en 1972 son el espejo del miedo. Curiosamente son muy parecidos a los que vemos en las citadas obras de Picasso. La angustia provocada por la guerra ha quedado reflejada en numerosas escenas de este famoso premio donde el tema de La Piedad se ha repetido varias veces aludiendo al dolor de la madre por la pérdida de hijo que apoya su cuerpo inerte en las rodillas mientras la mano derecha sirve de sostén a una cabeza sin vida. La guerra como motivo de inspiración para la representación del miedo.

Así que hemos transformado el significado del miedo. Una visión recurrente a las noticias nos informará si ese momento final ha llegado o está por llegar. Quizás si sucede ni siquiera le dé tiempo a contarlo. Será el auténtico juicio final pero sin ángeles que toquen trompetas u otros que porten elementos utilizados durante la pasión, como la lanza, la esponja o la corona de espinas.

Pero aunque ese final es como una espada que pende sobre las cabezas de la humanidad, existe un olvido voluntario que permite llevar a cabo una vida normal, quizás engañados por la idea de que el estado nos provee de seguridad con sus sistemas de defensa. ¿A qué tenemos realmente miedo? En un nivel inferior tenemos miedo a perder aquello que hemos conseguido. Perder el trabajo supone no solo la pérdida de la rutina sino también de la posibilidad de mantener aquello que se ha adquirido hasta el momento. Y esa garantía, ¿existe para el futuro? ¿Será posible que el sistema de pensiones nos permita mantener el consumo que venimos realizando hasta ahora? Son cuestiones que merecen una reflexión.

El miedo también existe en nuestro comportamiento social. Actualmente es complicado decir que algo está mal. Hay que ser políticamente correcto en todos los ámbitos. El miedo al ridículo, no dar el nivel suficiente también está presente en el día a día. Esto se aprecia perfectamente en la crítica de arte donde existe verdadero pavor a decir la verdad sobre un artista. Decir lo que piensas es complicado porque el miedo paraliza. Existe un YouTuber muy conocido que se llama Antonio García Villarán. En muchos de sus vídeos ha dicho claramente que muchas de las propuestas contemporáneas no tienen el más mínimo recorrido. Podremos estar mas o menos de acuerdo pero su canal tiene ahora mismo más de medio millón de seguidores y sus vídeos son reproducidos cada semana por cifras cercanas a las 200.000 personas. García Villarán ha creado el término "hamparte" para referirse a las obras de arte que carecen de sustento artístico y que otros no se atreven a criticar. La verdad puede ser dura y ofensiva en ocasiones. Dentro de los artistas a lo que se refiere con este término se encuentran algunos de los más cotizados en la actualidad. Performances de Yoko Ono, cuadros de puntos y pastillas de Damien Hirst, habitaciones completamente pintadas por Yayoi Kusama, representaciones "pop" de Jeff Koons o pinturas de fondo azul y tres puntos de color negro presentadas por Miró a principios de los 70. Paul Virilio hablaba sobre el pánico que existe al cuestionamiento del arte, un miedo a decir la verdad que siempre hace quedar bien[40]. El sistema del arte ha anulado la crítica. La justificación permitirá seguir trabajando en ese campo. Un juego de equilibrio inestable. La verdadera crítica solo se da fuera del sistema. Los outsiders son los nuevos gurús del arte contemporáneo. Algunos quizás con

---

[40] "Un arte que apoyándose en la libertad de expresión muestra imágenes son posibilidad de crítica, ya que no es correcto cuestionarlo". Paul Virilio *El procedimiento silencio*. Buenos Aires. Paidos. 2001

tanta preparación como los que se encuentran dentro del sistema. Las formas de comunicarse han cambiado y ya no es suficiente con escribir bien y conocer a los pensadores más importantes de nuestro tiempo o de tiempos pasados para hacer una crítica a una obra o a un artista.

¿Qué pasaría si no escucháramos noticias? Supondría un giro tan radical que no cambiaría nada. Todo seguiría exactamente igual. Es posible que perdiéramos alguna conversación de barra de bar, ya que ciertas noticias parecen inducidas para provocar el diálogo o las posturas antagonistas que enfrenten diferentes ideologías. Hace unos años, poco después del estallido de la crisis económica del año 2008, el gobierno de turno decide cambiar la velocidad máxima en las autovías de 120 km/hora a 110 km/hora, la excusa era el alto precio del petróleo que un país como España tiene que importar en su totalidad. A menor velocidad menos consumo y mayor ahorro para el gobierno y para el país. Corría el año 2011 y el número de parados estaba aumentando hasta el 25%. La destrucción de empleo era el principal problema de los españoles en ese momento, así se reflejaba en las encuestas de opinión. El aumento del desempleo provocaba la rápida desaceleración del consumo, entre ellos de los derivados del petróleo, menos dinero significa menos coche y transporte. Así que esta noticia, cuyo cambio de carteles en el país, costó unos 35 millones de euros, parece inducida como conversación para evitar hablar de un problema mayor que estaba desangrando a la gente. Probar a no escuchar noticias durante un tiempo incluso da un aire diferente a la persona que lo hace, pudiendo introducir nuevas conversaciones mucho más interesantes que las que día a día intentan provocar desde los medios de comunicación o el poder.

Guy Kirsth y Klaus Mackscheidt distinguían entre tres tipos de personajes públicos. En primer lugar estaría el demagogo, aquel capaz de intensificar el miedo de la gente, es una persona muy hábil para encontrar y poner a sus pies a un chivo expiatorio al que cargar con todos los males y la miseria. En segundo lugar tenemos al cargo público que trata de anestesiar el miedo en una versión a la que le faltan los componentes anestésicos o tranquilizadores. Por último estaría el estadista que busca e informa del origen del miedo, como se puede manejar y enfrentarse a él para no perderlo todo[41].

Distraídos, como decía Guy Debord, por esa amalgama espectacular que supone la tanda abrumadora de sucesos, no somos capaces de centrarnos en los problemas reales de la sociedad. La ración diaria de violencia es una letanía que se repite sin posibilidad de fin. Una letanía que pese a repetirse de forma constante, somos incapaces de recordar.

---

[41] Heinz Bude. *La sociedad del miedo*. Herder editorial. Madrid 2017. Pag 119

Yo quiero se intelectual

Los medios de comunicación inducen las conversaciones de las que hablamos en nuestra vida cotidiana. Se trata en muchos casos de temas completamente banales, cuya trascendencia es nula, pasados unos cuantos días desde que se inició la conversación. Quizás son sustituidos por otros o bien se resuelven de manera que pierden el interés que suscitaban. Estaría bien pensar en alguna de las conversaciones que se inducen. Algunas son de tema político donde la ideología de cada uno juega un papel crucial y hace imposible en muchos casos el entendimiento, llegando a posturas completamente radicales o profiriendo amenazas que el estado de derecho no permite llevar a cabo. El deporte es otro de los grandes temas de nuestro tiempo. Ocurre algo parecido al tema anterior, la mayoría de las veces los colores no permiten ver más allá de nuestros ojos, pero la rivalidad sirve para mantener conversaciones, aunque solo sea para tomar el pelo al contrario denunciando situaciones injustas que sumen a los equipos en la desgracia más absoluta mientras otros son claramente beneficiados. Muchas personas podrían recitar de memoria los equipos por los que ha pasado su ídolo antes de retirarse pero tendrían problemas para decir la lista de los reyes de España desde los Católicos hasta nuestros días. Al final estos reyes forman parte de la historia de su país. Las celebrities y todo lo que sucede alrededor de su vida puede generar también espacios de conversación, sobre todo si la situación referida roza el escándalo. Quizás muchos de ellos solo producen noticias para propiciar ese tipo de conversaciones. Pensemos por ejemplo en el cambio sufrido por Hannah Montana para convertirse en Miley Cyrus y cuantas veces ha tenido que salir en los medios ligera de ropa para romper con su imagen de niña buena. Si hubiera salido en los medios hablando de Georges Bataille no habría obtenido la misma repercusión. Esa forma de llamar la atención basada en la provocación se puso de moda desde el año 1916 cuando los dadaístas se dedicaban a reventar actos con la simple intención de escandalizar. Estoy seguro que no conoce que Michel Mourre el 9 de abril de 1950, entró en la Catedral de Notre Dame de París, vestido de monje dominico, montando un escándalo cuando subió al altar mayor, para decir que Dios había muerto ante un gran número de fieles. La guardia que custodiaba el templo se dirigió a él con los sables desenvainados y salvó la vida de milagro. Se trataba de una de las acciones del movimiento letrista cuyo líder fue Isidore Isou. Algo parecido había sucedido en noviembre de 1918 cuando el dadaísta berlinés Johannes Baader irrumpió en la catedral de Berlín montando un numerito similar al que repetiría Mourre más adelante. El escándalo de por sí no se ha inventado en nuestro tiempo sino que los dadaístas lo convirtieron en una seña de identidad que se reproduce como setas en la actualidad de los medios cada día. Es posible que ahora ni siquiera llame la atención del espectador.

Cualquier tema completamente banal es susceptible de formar parte de una conversación. Temas sin recorrido, que mueren antes de haber nacido. Si tenemos una conversación sobre música y se habla del grupo punk Sex Pistols puede introducirse en el diálogo las relaciones de la estética e ideología punk con el movimiento de mayo del 68 en Francia y algunos de los textos publicados por la Internacional Situacionista. La mayoría de la gente dirigirá sus ojos hacia ti como si fueras un extraño. Eres alguien que no califica su música como buena o mala, dura o blanda, lenta o rápida y otros muchos modos de describirla. Un comentario insólito. Si te atreves a decir que la forma de desafiar a la industria, las provocaciones delante de la prensa o en los propios conciertos, la forma de vestir (que tanto influyó en la moda) y actuar de los miembros del grupo, tienen conexiones con los primeros pasos del Cabaret Voltaire en Zurich, donde algunos de los pioneros del dadaísmo se dedicaban a escandalizar noche tras noche a los que allí acudían. Las miradas de admiración se tornarán en extrañeza rozando lo siniestro. Eres un bicho raro.

Además en muchos casos se produce un claro desprecio por la educación y la cultura. Hace poco tiempo leía una entrevista a un supuesto pintor (él se definía como tal) que se dedicaba a animar a algunas celebrities también a practicar la pintura. Este "artista" declaraba que era un hombre hecho a sí mismo, es decir que no había pasado por ninguna facultad de Bellas Artes para tener formación. Parece la historia del ciego guiando a otro ciego. Según decía este creador (cuyas obras eran un auténtico bodrio que fluctuaba entre el pop y los largos brochazos de colores sin mensaje alguno donde el toro jugaba un papel esencial) se nace con una pulsión innata que le conduce directamente al arte. Podemos estar de acuerdo en que hay ciertas personas que desarrollan mejor sus capacidades en un campo que en otro. Pero el ser humano aprende o adquiere conocimientos en muchos casos por imitación o directamente por práctica que conduce al acierto y error. El desprecio a la formación o a las personas que son capaces de transmitir conocimientos y opiniones conduce solo al vacío. Este pintor animaba a todo el mundo a pintar como si cada uno llevara un artista dentro, capaz de adquirir la perfección en varios campos, aunque no se tenga idea de cómo hacerlo. La capacidad de crear está en cada uno de nosotros, aunque ni siquiera sepamos el tipo de pincel que hay que utilizar frente a un lienzo. Muchas celebrities no tienen problema en seguir los pasos de estos agoreros del arte y, siendo conocidos, tienen las puertas abiertas para desarrollar otros campos de creación cuya base teórica o discurso conceptual es completamente nulo. Lo único que garantiza el éxito de una exposición de este tipo es el nombre de ese famoso, no la calidad de sus obras. De hecho cambiando al ámbito literario se echa de menos que no sean escritores los que ganan algunos de los premios de novela que se convocan. En muchos casos se trata de presentadores de televisión que han visto la luz para dedicarse también a la literatura. Quizás muchos de ellos, como decía nuestro artista, habían nacido con una tendencia especial hacia la escritura que han descubierto después de presentar uno de los programas de moda de televisión (si no es un "negro" el que escribe sus libros).

Así que por un lado tenemos una serie de temas para poder hablar, pero en realidad conducen a un callejón sin salida que no lleva a ninguna conclusión.

Estamos lejos de la idea de construcción de situaciones de la que hablaba Henri Lebfevre cuando afirmaba que en sus reuniones había *"un ambiente de apasionada unidad donde se hablaba hasta bien entrada la noche. Ahí se bebía y se tomaban otro tipo de estimulantes y esas noches poseían una intimidad, un afecto...era más que comunicación una comunión. Momentos construidos como situaciones que pueden ser considerados momentos de ruptura, de aceleración, revoluciones en la vida cotidiana individual"*[42].

Los situacionistas criticaban fuertemente a los medios de comunicación. En muchos casos afirmaban que su finalidad era que la gente consumiera cantidades ingentes de nada. Realmente si se analiza esta frase uniéndola con la idea de llenar el tiempo de ocio nos daremos cuenta que

---

[42] Greil Marcus. *Rastros de Carmín*. Anagrama. Barcelona 2019. Pag 165. Conviene aclarar que no estamos de acuerdo en que sea necesario el alcohol u otros estimulantes para poder construir una situación concreta.

estamos más cerca de lo que pensamos de este planteamiento. La proliferación de plataformas de pago cargadas de series, películas, deporte, documentales y programación infantil, ahonda más en esa idea.

Todo al final tiene que ver con el consumo que se incentiva cada día desde el sistema. Se trata del capitalismo como nueva religión de la que ya hablaba Walter Benjamin[43]. El capitalismo nos impide tener otro tipo de conversaciones. La sociedad de consumo crea necesidades ficticias que se cuelan en nuestras conversaciones e incluyen las pequeñas novedades que se añaden a algunos productos. Se siente la pulsión de tener que adquirirlos a toda costa, aunque las variaciones con el modelo anterior sean tan pequeñas que casi no merezca la pena. Quizás ya que los teléfonos están tan de moda hablamos de novedades que implican tener una pulgada más en la pantalla o bien aumentar el número de gigas de capacidad para poder incluir más discos que poder escuchar o alguna película que puede ser vista en el metro mientras vamos camino al trabajo. Muchas conversaciones mostrarán arduos defensores de las marcas favoritas de cada sector, aludiendo a sus bondades, a las novedades que acaban de presentar, a la garantía que ofrece la marca debido a su

---

[43] El pensador afirmaba que esta religión viene determinada por al menos tres rasgos: 1) Todo en ella tiene sentido si y solo si se practica el culto. 2) El culto, por medio del trabajo, se lleva a cabo a tiempo completo, pues todos los días son días de fiesta –fiesta capitalista- y así la vida es un único e ininterrumpido día festivo, allí todos los fieles asisten diariamente al culto. 3) El culto capitalista no sirve para expiar culpa alguna, no hay salvación posible, no se resuelve en una dialéctica, es permanentemente culpabilizante. Agustín Fernández Mallo. *Teoría general de la basura. Galaxia Gutenberg*. Barcelona 2018. Edición digital

calidad. Se convierten de esta manera en los máximos promotores de la marca. Conocen mejor que nadie las novedades y noticias sobre ella. He tenido la oportunidad de asistir a conversaciones donde auténticos especialistas en comida rápida hablaban de las virtudes de la marca con un conocimiento mucho más profundo de lo que podamos imaginar. No sabían el significado de los reflejos que veían las personas que estaban en la cueva de la que hablaba Platón pero mostraban un perfecto dominio en todo aquello que tiene que ver con la fritura del pollo.

Salamanca-Sevilla Julio 2019

Puedes seguirnos a través del blog

http://www.arteparaninnos.blogspot.com

También en nuestro canal de YouTube

http://www.youtube.com/rafaellopezborrego

Si quieres contactar

rafalopezsal@yahoo.es

www.ingramcontent.com/pod-product-compliance
Lightning Source LLC
Chambersburg PA
CBHW021847170526
45157CB00007B/2976